Plus d'éloges]
Les Secrets d'ı

D1536501

«T. Harv Eker nous fournit un plan et les outils nécessaires pour bâtir au complet notre richesse de manière à ce qu'elle résiste au temps et aux circonstances.»

—Denis Waitley, auteur de *Attitude d'un gagnant*

«T. Harv Eker est passé maître dans l'art de rendre facile le chemin qui mène à la richesse. Finalement, ses principes puissants sont mis à notre disposition dans ce livre étonnant.»

—Marci Shimoff, coauteur de
Bouillon de poulet pour l'âme de la femme

«Étudiez ce livre comme si votre vie en dépendait... car il se pourrait que ce soit le cas financièrement!»

—Anthony Robbins, le plus grand formateur
en rendement supérieur du monde

«*Les Secrets d'un esprit millionnaire* est *la* bible de celui qui veut faire fortune de manière pratique. T. Harv Eker dissipe les mythes et rend les secrets du millionnaire accessibles à tout le monde. Dévorez ce livre!»

—Jill Lublin, auteur à succès de
Networking Magic et de *Guerrilla Publicity*

«Harv Eker compte aujourd'hui parmi les formateurs les plus extraordinaires du monde! Par ses techniques expérientielles, Eker a le pouvoir de transformer des vies et il obtient des résultats étonnants chaque fois qu'il prend la parole!»

—Mark Victor Hansen, cocréateur de la série
Bouillon de poulet pour l'âme et coauteur de
Le millionnaire minute

Peak Potentials™ est une marque déposée New Peaks LLC dont le siège est au Delaware (É.U.). L'utlisation par Peak Potentials™ de la marque déposée «Secrets of the Millionaire Mind ©» de T. Harv Eker en Amérique du Nord est autorisée par Harv Eker et ses filiales, lesquelles n'ont aucune implication dans toute transaction entre Peak Potentials™ et ses clients, ses revendeurs ou autres partis.

Le présent livre n'a pas pour but de fournir des conseils juridiques, comptables, financiers ou d'investissement qui soient personnalisés. Les lecteurs sont encouragés à chercher conseil auprès de professionnels compétents en matière d'interprétation de la loi, de bonnes méthodes comptables, de planification financière et de stratégies d'investissement. L'auteur et l'éditeur déclinent spécifiquement toute responsabilité, toute perte et tout risque découlant, directement ou indirectement, de l'usage ou de l'application de toute partie du contenu de ce livre.

LES SECRETS D'UN ESPRIT MILLIONNAIRE
Édition originale publiée en anglais par HarperCollins Publishers, New York, NY (É.-U.) sous le titre : **SECRETS OF THE MILLIONAIRE MIND**
© 2005, Harv Eker. Tous droits réservés.

© Seconde édition française, 2014 **ÉDITIONS DU TRÉSOR CACHÉ**
Tous droits réservés. La reproduction d'un extrait quelconque de ce livre, par quelque procédé que ce soit, tant électronique que mécanique, en particulier par photocopie et par microfilm, est interdite sans l'autorisation écrite des éditeurs.

ÉDITIONS DU TRÉSOR CACHÉ
2-36, rue de Varennes
Gatineau, (Québec) Canada
J8T 0B6
Tél. : 819-561-1024
Courriel : editions@tresorcache.com
Site web : www.tresorcache.com

Infographie : Roseau infographie inc.

Dépôt légal – 2006
Bibliothèque nationale du Québec
Bibliothèque nationale du Canada

Gouvernement du Québec – Programme de crédit d'impôt pour l'édition de livres
– Gestion SODEC

ISBN 978-2-922405-41-5

Imprimé au Canada

Diffusion / distribution :
Canada : Messageries ADP, Longueuil (Québec), (450) 640-1234
Europe : Interforum editis, Contact France : Messageries ADP, Ivry sur Seine :
        +33 (0)1 49 59 11 56/91
Europe (marchés spéciaux) : WMI Sarl, www.libreentreprise.com

LES SECRETS D'UN ESPRIT MILLIONNAIRE

Maîtrisez le jeu intérieur de la richesse

T. Harv Eker

Éditions du
trésor caché

*Je dédie ce livre à ma famille : ma femme bien-aimée,
Rochelle, à mon étonnante fille, Madison,
et à mon merveilleux fils, Jesse.*

REMERCIEMENTS

L a rédaction d'un livre semble être un projet individuel, mais en réalité si l'on veut qu'il soit lu par des milliers ou, espérons-le, des millions de gens, il faut y consacrer toute une équipe. J'aimerais d'abord remercier ma femme, Rochelle, ma fille, Madison, et mon fils, Jesse. Merci de m'avoir donné l'espace nécessaire pour faire ce que je suis venu faire ici-bas.

J'aimerais également remercier mes parents, Sam et Sara, ainsi que ma sœur, Mary, et mon beau-frère, Harvey, pour votre amour et votre soutien incessants. Ensuite, un grand merci à Gail Balsillie, Michelle Burr, Shelley Wenus, Robert et Roxanne Riopel, Donna Fox, A. Cage, Jeff Fagin, Corey Kouwenberg, Kris Ebbeson, et à toute l'équipe de Peak Potentials Training pour tout le dur travail et le dévouement que vous avez fournis afin d'apporter une contribution positive à la vie des gens, ainsi que de faire de Peak Potentials une des sociétés de perfectionnement personnel parmi celles qui grandissent le plus vite au monde.

Je remercie ma brillante éditrice, Bonnie Solow, pour m'avoir constamment assisté, encouragé et conseillé dans les détours du sérail de l'édition. Je dois également un grand merci à l'équipe de HarperBusiness : à l'éditeur Steve Hanselman, qui a eu la vision pour ce projet, et qui y a investi tant de temps et d'énergie ; mon merveilleux réviseur, Herb Schaffner ; le directeur de marketing Keith Pfeffer ; et le directeur de la publicité Larry Hughes. Je tiens à remercier tout spécialement aussi mes collègues Jack Canfield, Robert G. Allen et Mark Victor Hansen pour votre amitié et votre soutien continuel depuis le début.

Pour terminer, je tiens à exprimer ma profonde reconnaissance à tous ceux qui assistent aux séminaires de Peak Potentials, à tout notre personnel de soutien et à nos coentrepreneurs. Sans vous, il n'y aurait aucun séminaire susceptible de changer des vies.

« QUI PEUT BIEN ÊTRE T. HARV EKER, ET POURQUOI DEVRAIS-JE LIRE CE LIVRE ? »

A u début de mes séminaires, les gens sont choqués de m'entendre leur dire presque d'emblée : « Ne croyez pas un traître mot de ce que je vous dis. » Pourquoi leur suggérer une chose pareille ? Parce que je ne peux parler que de ma propre expérience. Aucun des concepts et des faits saillants que je communique n'est en soi vrai ou faux, bon ou mauvais. Ils reflètent simplement mes propres résultats, et les résultats étonnants dont j'ai pu être le témoin dans la vie de milliers et de milliers de mes élèves. Cela dit, toutefois, je crois que, si vous mettez en pratique les principes que vous découvrirez dans le présent livre, vous transformerez votre vie du tout au tout. Ne faites pas que lire ce livre. Étudiez-le, comme si votre vie en dépendait. Puis, mettez les principes à l'essai par vous-même. Ce qui fonctionnera, continuez de le faire. Ce qui ne fonctionnera pas, n'hésitez pas à faire une croix dessus.

Il se peut que je manque d'objectivité, je le reconnais, mais pour ce qui est de faire de l'argent, vous devez savoir que ce livre constitue peut-être le plus important que vous ayez jamais lu. Je comprends qu'il s'agit là d'une affirmation plutôt audacieuse, mais le fait est que ce livre fournit le maillon manquant entre souhaiter la réussite et l'obtenir. Comme vous l'avez probablement déjà réalisé, il y a un monde de différence entre les deux.

Vous avez indubitablement lu d'autres livres, écouté des cassettes ou des DC, assisté à des cours et appris bon nombre de systèmes pour faire fortune, que ce soit dans le domaine de l'immobilier, de la bourse ou des affaires. Mais que s'est-il passé? Dans le cas de la plupart des gens, pas grand-chose! C'est un feu de paille, car ils en tirent une étincelle d'énergie, puis retombent dans le statu quo. Il y a finalement une solution. Elle est simple, elle a force de loi naturelle, et vous ne pourrez pas vous y soustraire. Elle se résume entièrement à ceci: si votre «plan financier» inconscient n'est pas «réglé» sur la réussite, rien de ce que vous apprendrez, rien de ce que vous saurez et rien de ce que vous accomplirez ne fera réellement de différence.

Dans les pages du présent livre, nous démystifierons pour vous la raison pour laquelle certaines personnes sont destinées à devenir riches et d'autres sont destinées à une vie de luttes. Vous comprendrez les causes profondes de la réussite, de la médiocrité et de l'échec financier, et vous vous mettrez à changer votre avenir financier pour le mieux. Vous en viendrez à comprendre en quoi les influences de l'enfance façonnent notre plan financier intérieur et en quoi ces influences sont susceptibles de vous amener à entretenir des pensées et des habitudes autodestructrices. Vous ferez l'expérience de déclarations puissantes qui vous aideront à remplacer vos modes de pensée nuisibles par des «dossiers financiers» mentaux, de manière à ce que vous en veniez à penser – et à réussir – exactement comme les riches le font. Vous découvrirez également des stratégies pratiques s'appliquant étape par étape qui vous permettront d'accroître votre revenu et de faire fortune.

Dans la Première partie, nous expliquerons en quoi chacun de nous est conditionné à penser et à agir en matière d'argent, et détaillerons quatre stratégies clés pour réviser notre plan financier mental. Dans la Deuxième partie, nous examinerons les différences qui existent entre la manière dont les riches pensent et celle dont les gens pauvres et de la classe moyenne pensent, et nous vous suggérerons dix-sept attitudes et actions à adopter qui amèneront votre vie financière à changer pour toujours. Tout au long du livre, nous donnerons également quelques exemples parmi les milliers de lettres et de courriels que j'ai reçus de personnes ayant assisté au Millionaire Mind Intensive Seminar et ayant obtenu des résultats exceptionnels dans leur vie. Alors, quel est mon vécu? D'où est-ce que je viens? Ai-je toujours connu la réussite? J'aurais bien aimé! Comme beaucoup d'entre vous, j'avais apparemment beaucoup de «potentiel», mais j'avais peu de chose pour le démontrer. J'ai lu tous les livres, écouté toutes les cassettes et assisté à tous les séminaires. Je voulais vraiment, vraiment, vraiment réussir dans la vie. J'ignore si c'était pour l'argent, la liberté, le sentiment de m'accomplir ou simplement pour prouver à mes parents que j'étais à la hauteur de leurs attentes, mais j'étais presque obsédé par l'idée de «réussir». Dans la vingtaine, j'ai démarré plusieurs entreprises différentes, en rêvant chaque fois de faire fortune, mais les résultats que j'obtenais ne faisaient qu'empirer.

J'avais beau me décarcasser, mais je n'arrivais jamais à atteindre mon but. J'étais atteint de la «maladie du monstre du Loch Ness»: J'avais entendu parler de cette chose qu'on appelle le profit, mais c'est que je ne l'avais jamais vue. Je n'arrêtais pas de me dire: «Si je peux seulement dénicher le filon, miser sur le bon cheval, j'y arriverai.» Mais j'avais tort. Rien ne fonctionnait... du moins pour moi. Et c'est la dernière partie de cette phrase qui a fini par faire son chemin dans mon esprit. Comment se faisait-il que d'autres connaissaient la réussite dans exactement le même domaine que moi, alors que je restais fauché? Où était passé «monsieur Potentiel»?

Je me suis donc mis à faire un examen de conscience sérieux. J'ai examiné mes vraies croyances et j'ai vu que, même si je disais vouloir vraiment devenir riche, j'entretenais des craintes très enracinées à ce sujet. J'avais surtout peur. Peur d'échouer, ou pire encore, de réussir pour ensuite tout perdre d'une manière ou d'une autre. Je serais bien avancé, alors. Pire encore, je détruirais la seule chose que j'avais de bon: mon «histoire», selon laquelle j'avais tout ce «potentiel». Et si je découvrais que je n'avais pas ce qu'il fallait et que j'étais destiné à une vie de luttes?

C'est alors que, par chance, j'ai reçu le conseil d'un ami extrêmement riche de mon père. Il se trouvait chez mes parents, en train de jouer aux cartes avec les «gars» quand il m'a vu passer. C'était la troisième fois que je retournais vivre chez mes parents, où je vivais dans la «suite inférieure», autrement dit le sous-sol. Je suppose que mon père avait commenté mon existence malheureuse, car lorsqu'il m'a aperçu, il y avait dans son regard la sympathie qu'on réserve habituellement à la famille du disparu à des funérailles.

Il m'a dit: «Harv, j'ai commencé de la même manière que toi, un désastre total.» Super, me suis-je dit, je vais me sentir beaucoup mieux maintenant. Je devrais lui faire savoir que je suis occupé... à regarder la peinture s'écailler sur les murs.

Il a continué: «Puis, j'ai reçu un jour des conseils qui ont changé ma vie, et j'aimerais t'en faire part.» Ô non, je vais avoir droit au sermon du père envers son fils, et il n'est même pas mon père! Et il a fini par laisser le chat sortir du sac: «Harv, si tu ne réussis pas aussi bien que tu le voudrais, tout ce que ça veut dire, c'est qu'il y a quelque chose que tu ignores.» Étant à l'époque un jeune homme impertinent, je pensais savoir à peu près tout, mais hélas, mon compte bancaire indiquait le contraire. Alors, je me suis enfin mis à écouter. Il a poursuivi: «Savais-tu que la plupart des riches pensent de manière très semblable?»

Je lui ai dit: «Non, je n'ai jamais vraiment réfléchi à ça.» Ce à quoi il m'a répondu: «Il ne s'agit pas d'une science exacte, mais pour la plupart, les riches pensent d'une certaine manière et les pauvres pensent de manière complètement différente, et ces modes de pensée déterminent leurs actions et donc leurs résultats. Si tu pensais comme les riches et si tu faisais ce qu'ils font, crois-tu que tu pourrais devenir riche toi aussi?» Je me rappelle lui avoir répondu avec autant de conviction qu'une balle de mousse: «Je pense que oui.» Il m'a dit: «Tout ce que tu as à faire, c'est de copier le mode de pensée des riches.»

Sceptique comme je l'étais à l'époque, je lui ai demandé : « Alors, à quoi pensez-vous en ce moment ? » À cela, il m'a répondu : « Je pense que les gens riches tiennent leurs engagements et le mien est envers ton père en ce moment. Les gars m'attendent, à la prochaine. » Bien qu'il soit sorti de la pièce, ses paroles me sont restées.

Rien d'autre ne fonctionnait dans ma vie, alors je me suis dit que je n'avais rien à perdre en me jetant corps et âme dans l'étude de la vie et du mode de pensée des riches. J'ai appris tout ce que je pouvais sur le fonctionnement de l'esprit, mais en me concentrant principalement sur la psychologie liée à l'argent et à la réussite. J'ai alors découvert que c'était vrai : les riches pensent *véritablement* de manière différente des pauvres et même des gens de la classe moyenne. J'en suis venu à prendre conscience des façons dont mes propres pensées m'empêchaient de faire fortune. Plus important encore, j'ai appris plusieurs techniques et stratégies puissantes qui m'ont permis de remettre à neuf mon esprit, pour en venir à penser comme le font les riches.

J'ai fini par me dire : « J'en ai suffisamment fait le tour, mettons-les maintenant à l'épreuve. » J'ai alors décidé de démarrer une entreprise de plus. Étant donné que je m'intéressais vraiment à la santé et à l'exercice, j'ai ouvert une des premières boutiques d'articles de conditionnement physique en Amérique du Nord. Comme j'étais sans le sou, j'ai dû emprunter 2 000 $ sur ma carte Visa pour lancer mon entreprise. J'ai commencé à employer ce que j'avais appris en imitant les riches, tant pour ce qui est de leurs stratégies d'affaires que de leurs stratégies de pensée. La première chose que j'ai faite a été de m'engager à réussir et à jouer en vue de gagner. Je me suis promis de me concentrer et de ne jamais même considérer la possibilité d'abandonner cette entreprise avant d'être devenu millionnaire ou plus. Cette détermination allait radicalement à l'encontre de mes efforts antérieurs, car étant donné que je pensais toujours à court terme auparavant, je me laissais continuellement distraire par de bonnes occasions ou lorsque les choses se corsaient.

J'ai commencé également à remettre en question mon approche mentale chaque fois que je me surprenais à penser aux questions financières de manière négative ou improductive. Dans le passé, je croyais que mon esprit me disait la vérité. J'ai découvert que, de nombreuses façons, mon esprit était le plus grand obstacle à ma réussite. J'ai choisi de ne pas entretenir des pensées qui ne me dynamisaient pas en fonction de ma vision de la richesse. J'ai employé chacun des principes que vous êtes sur le point de découvrir dans le présent livre. Cela a-t-il fonctionné ? Et comment !

La boutique a été un tel succès que j'en ai ouvert dix en seulement deux ans et demi. J'ai ensuite vendu la moitié des actions de la société à une entreprise Fortune 500 pour 1,6 million de dollars.

Par la suite, j'ai déménagé dans la ville ensoleillée de San Diego. J'ai pris quelques années sabbatiques pour raffiner mes stratégies et je me suis mis à faire de la consultation d'affaires individualisée. Je présume que mes services se sont avérés plutôt efficaces puisque les gens ne cessaient pas d'amener des amis, des partenaires et des associés à nos sessions. J'en suis vite venu à conseiller dix, et parfois même vingt, personnes à la fois.

Un de mes clients m'a dit que je devrais ouvrir une école. J'ai trouvé l'idée géniale, alors c'est ce que j'ai fait. J'ai fondé la Street Smart Business School et j'ai enseigné à des milliers de gens partout en Amérique du Nord les stratégies d'affaires du « débrouillard » pour réussir « en un temps record ».

En sillonnant le continent pour donner mes séminaires, j'ai remarqué quelque chose d'étrange : On peut avoir deux personnes assises l'une à côté de l'autre dans exactement la même salle, en train d'apprendre exactement les mêmes principes et les mêmes stratégies. L'une se servira de ces outils et atteindra les sommets de la réussite comme une flèche, mais que pensez-vous qu'il pourrait arriver à la personne assise juste à côté d'elle ? La réponse est : Pas grand-chose !

C'est alors qu'il m'est apparu clairement qu'on aura beau avoir à sa disposition les meilleurs « outils » du monde, si on a un petit trou dans son « coffre à outils » (je pointe ma tête du doigt en ce moment), on a un problème. J'ai donc conçu un programme appelé « Millionaire Mind Intensive Seminar », fondé sur le jeu intérieur de l'argent et de la réussite. En combinant le jeu intérieur (le coffre à outils) avec le jeu extérieur (les outils), les résultats de presque tout le monde ont battu des records ! Voici ce que vous allez donc apprendre dans la suite : comment passer maître au jeu intérieur de l'argent, afin de gagner au jeu de l'argent, c'est-à-dire comment penser riche pour devenir riche !

Les gens me demandent souvent si ma réussite s'est révélée être « l'affaire d'une fois » ou si elle s'est poursuivie. Je vais vous dire une chose : En utilisant exactement les principes que j'enseigne, j'ai fait des millions et des millions de dollars, si bien que je suis aujourd'hui plusieurs fois multimillionnaire. Presque tous mes investissements et toutes mes entreprises semblent battre des records ! Il y a des gens qui me disent que j'ai la « touche magique », car tout ce dans quoi je m'engage se change en mine d'or. Ils ont raison, mais ce qu'ils ne réalisent pas, c'est que le fait d'avoir une touche magique n'est qu'une autre façon de dire et d'avoir un « plan financier intérieur » réglé sur la réussite, ce qui est exactement ce dont vous disposerez lorsque vous aurez appris les principes et fait le travail dont il est question dans les pages à venir.

Tôt dans notre Millionaire Mind Intensive Seminar, je demande généralement à l'auditoire : « Combien d'entre vous sont venus ici pour apprendre ? » Il s'agit un peu d'une colle, car comme le dit l'auteur Josh Billings, « ce n'est pas ce que nous ignorons qui nous empêche de réussir, c'est ce que nous croyons savoir à tort qui est notre plus grand obstacle. » Ce livre ne porte pas tant sur le fait d'apprendre que sur le fait de « désapprendre » !

Il est essentiel que vous reconnaissiez en quoi vos anciennes façons de penser et d'agir vous ont mené exactement où vous êtes actuellement.

Si vous êtes vraiment riche et heureux, c'est parfait. Mais si ce n'est pas le cas, je vous invite à considérer quelques possibilités qui n'entreront peut-être pas dans le «coffre» de ce que vous pensez généralement être vrai ou même vous convenir.

Bien que je vous suggère de «ne pas croire un seul mot de ce que je vous dirai» et que je souhaite que vous mettiez à l'épreuve ces concepts dans votre propre vie, je vais vous demander de faire confiance aux idées que vous lirez. Non parce que vous me connaissez personnellement, mais parce que des milliers et des milliers de gens ont déjà changé leur vie après avoir mis en application certains principes contenus dans le présent livre.

En parlant de confiance, cela me rappelle une de mes histoires préférées. C'est un homme qui marche le long d'une falaise et qui, soudain, perd l'équilibre, glisse et tombe en bas. Heureusement, il a la présence d'esprit de s'accrocher au rebord, où il se cramponne pour sauver sa vie. Il tient bon et tient bon, et finit par crier: «Y a-t-il quelqu'un là haut qui puisse me venir en aide?» Pas de réponse. Il continue d'appeler et d'appeler: «Y a-t-il quelqu'un là haut qui puisse me venir en aide?» Finalement, une grosse voix retentissante répond: «C'est Dieu. Je peux t'aider. Tu n'as qu'à lâcher prise et à me faire confiance.» La chose suivante qu'on entend, c'est: «Y a-t-il quelqu'un *d'autre* là haut qui puisse me venir en aide?»

La leçon est simple. Si vous souhaitez accéder à un niveau de vie plus élevé, vous devez être prêt à laisser aller certaines de vos anciennes façons de penser et d'être, et à en adopter de nouvelles. Les résultats en viendront à parler d'eux-mêmes.

PREMIÈRE PARTIE

VOTRE PLAN FINANCIER INTÉRIEUR

❧

N ous vivons dans un monde de dualité : haut et bas, lumière et ténèbres, chaud et froid, intérieur et extérieur, rapide et lent, droite et gauche. Et il ne s'agit ici que de quelques exemples des milliers de pôles opposés. Pour qu'un pôle existe, le pôle opposé doit également exister. En effet, est-ce possible d'avoir un côté droit sans côté gauche ? C'est impossible.

Par conséquent, comme il existe des lois financières « extérieures », il doit également exister des lois financières « intérieures ». Les lois extérieures incluent des choses comme la connaissance des affaires, la gestion financière et les stratégies d'investissement. Elles sont toutes essentielles. Mais le jeu intérieur est de même importance. On pourrait employer comme analogie celle d'un charpentier et de ses outils. Il est essentiel de posséder les meilleurs outils, mais être le meilleur charpentier qui utilise ces outils d'une main de maître est encore plus important.

J'ai pour habitude de dire : « Il ne suffit pas d'être au bon endroit au bon moment. Il faut encore être la bonne *personne* au bon endroit au bon moment. »

Cela dit, qui êtes-vous ? Comment pensez-vous ? Quelles sont vos croyances ? Qu'en est-il de vos habitudes et de vos traits de caractère ? Que ressentez-vous par rapport à vous-même ? Dans quelle mesure avez-vous confiance en vous ? Avez-vous de l'entregent ? Dans quelle mesure faites-vous confiance aux autres ?

Croyez-vous vraiment mériter d'être riche ? Dans quelle mesure arrivez-vous à faire abstraction de vos craintes, de vos soucis, de certains inconvénients et de votre insécurité ? Arrivez-vous à agir même quand vous n'en avez pas envie ?

Le fait est que votre caractère, votre mode de pensée et vos croyances jouent un rôle crucial dans ce qui détermine l'étendue de votre réussite.

Un de mes auteurs préférés, Stuart Wilde, présente les choses ainsi : « La clef de votre réussite consiste à augmenter votre propre énergie ; si vous le faites, les gens seront naturellement attirés par vous. Et quand ils se présenteront à vous, envoyez-leur la facture ! »

PRINCIPE D'ENRICHISSEMENT :
Votre revenu ne pourra croître que dans la mesure où
vous croîtrez vous-même !

EN QUOI VOTRE PLAN FINANCIER INTÉRIEUR EST-IL IMPORTANT ?

Avez-vous déjà entendu parler de gens qui ont « sauté les plombs » financièrement ? Avez-vous déjà remarqué qu'il y a des gens qui ont beaucoup d'argent et qui le perdent ensuite, ou qui saisissent d'excellentes occasions aux débuts prometteurs mais qui tournent ensuite au vinaigre ? Vous en connaissez maintenant la vraie raison. À l'extérieur, on dirait de la malchance, un ralentissement de l'économie, un mauvais partenaire, ou quoi que ce soit. À l'intérieur, par contre, c'est une autre affaire. Voilà pourquoi, si vous en venez à faire beaucoup d'argent sans y être préparé intérieurement, vous risquez de le voir disparaître rapidement.

La grande majorité des gens n'ont tout simplement pas en eux-mêmes la capacité de générer et de retenir de grandes sommes d'argent, et de relever les défis accrus dont s'accompagnent l'enrichissement et la réussite. Et c'est là, mes amis, la raison principale pour laquelle ils n'ont pas beaucoup d'argent. Les gagnants à la loterie en sont l'exemple parfait. Des recherches ont démontré à maintes reprises que, quelle que soit l'importance de la somme gagnée, la plupart des gagnants à la loterie en viennent à retourner à leur état financier d'origine, soit la somme qu'ils sont à l'aise de gérer.

Par contre, l'opposé se produit dans le cas des millionnaires qui sont fils de leurs œuvres. Vous remarquerez que les millionnaires qui doivent leur fortune à leurs efforts et qui la perdent la regagnent habituellement en un laps de temps relativement court. Donald Trump illustre bien cette réalité. Trump valait des milliards, a tout perdu, pour ensuite tout regagner, et même plus, en quelques années.

Pourquoi ce phénomène se produit-il ? Parce que, même s'il arrive que des millionnaires fils de leurs œuvres perdent leur fortune, ils ne perdent jamais l'ingrédient le plus important de leur réussite : leur esprit millionnaire. Bien entendu, dans le cas «Donald», il s'agit d'un esprit «milliardaire». Vous rendez-vous compte que Donald Trump ne pourrait jamais être *simplement* millionnaire ? S'il avait une valeur nette de seulement un million de dollars, comment pensez-vous qu'il se sentirait par rapport à sa réussite financière ? La plupart des gens seraient d'accord pour dire qu'il se sentirait probablement fauché, comme un perdant au niveau financier !

C'est que le «thermostat» de Donald Trump est réglé sur les milliards, et non sur les millions. Le thermostat financier de la plupart des gens est réglé sur les milliers, et non sur les millions ; celui de certaines personnes est réglé sur les centaines, pas même sur les milliers ; et celui d'autres personnes est réglé sur moins zéro. Ils gèlent littéralement, et ils en ignorent totalement la cause !

La réalité, c'est que la plupart des gens n'exploitent pas leur plein potentiel. La majorité d'entre eux ne connaissent pas la réussite. Des recherches ont démontré que 80 p. cent des gens ne connaîtront jamais l'autonomie financière qu'ils aimeraient connaître, et que 80 p. cent des gens ne se diront jamais vraiment heureux. La raison en est simple. La plupart des gens sont inconscients. Ils somnolent au volant. Ils travaillent et pensent à un niveau de vie superficiel, en fonction uniquement de ce qu'ils peuvent voir. Ils ne vivent que dans le monde visible.

LES RACINES CRÉENT LES FRUITS

Imaginez un arbre. Supposons que cet arbre représente l'arbre de la vie. Dans cet arbre, il y a des fruits. Dans la vie, nos fruits sont nos résultats. Nous regardons nos fruits (nos résultats) et ils nous déplaisent ; il n'y en a pas suffisamment, ils sont trop petits ou ils n'ont pas bon goût.

Alors, qu'avons-nous tendance à faire ? La plupart d'entre nous font encore plus attention aux fruits, à leurs résultats, et se concentrent encore plus sur eux. Mais à quoi exactement devons-nous la création de ces fruits en particulier ? Aux semences et aux racines qui créent ces fruits.

C'est ce qu'il y a *dans le sol* qui crée ce qu'il y a au-dessus du sol. C'est ce qui est *invisible* qui crée ce qui est *visible*. Qu'est-ce que cela veut donc dire ? Cela signifie que, si vous souhaitez changer les fruits, vous devrez d'abord changer les racines. Si vous souhaitez changer le visible, il vous faudra d'abord changer l'invisible.

PRINCIPE D'ENRICHISSEMENT :
Si vous souhaitez changer les fruits, vous devrez d'abord changer les racines. Si vous souhaitez changer le visible, il vous faudra d'abord changer l'invisible.

Bien entendu, il y en a qui disent que voir, c'est croire. Mais j'ai une question à poser à ces gens-là : «Pourquoi vous donnez-vous la peine de payer votre facture d'électricité?» Bien que vous ne voyiez pas l'électricité, vous pouvez certainement reconnaître et employer sa puissance. Si vous doutez de son existence, vous n'avez qu'à vous mettre le doigt dans une prise de courant, et je vous assure que vos doutes s'envoleront en moins de deux.

D'après mon expérience, ce qu'on ne peut voir est beaucoup plus puissant que tout ce qu'on peut voir. Il se peut que vous ne soyez pas de mon avis, mais dans la mesure où vous n'appliquez pas ce principe dans votre vie, vous devez souffrir. Pourquoi? Parce que vous allez à l'encontre des lois de la nature, selon lesquelles ce qui est dans le sol crée ce qui sort du sol, ce qui est invisible crée ce qui est visible.

En tant qu'êtres humains, nous faisons partie de la nature, nous ne sommes pas au-dessus d'elle. Par conséquent, lorsque nous nous alignons sur les lois de la nature et que nous travaillons à nos racines – à notre monde «intérieur» –, notre vie se déroule bien. Dans le cas contraire, la vie devient difficile.

Dans toute forêt, dans toute ferme, dans tout verger sur cette terre, c'est ce qui se trouve dans le sol qui crée ce qui se trouve hors du sol. Voilà pourquoi le fait d'accorder son attention aux fruits qu'on a déjà fait pousser est futile. On ne peut changer les fruits qui pendent déjà à l'arbre. On peut, par contre, changer les fruits de demain. Mais pour ce faire, on devra creuser dans le sol et renforcer les racines.

LES QUATRE QUADRANTS

Une des choses parmi les plus importantes qu'on puisse saisir est qu'on ne vit pas dans une seule sphère de son existence. On vit dans au moins quatre sphères différentes en même temps. Ces quatre quadrants représentent le monde physique, le monde mental, le monde émotionnel et le monde spirituel.

Ce que la plupart des gens ne réalisent jamais, c'est que la sphère physique n'est que «l'imprimé» des trois autres.

Par exemple, disons que vous venez d'écrire une lettre à l'ordinateur. Vous cliquez sur la fonction «imprimer», et la lettre sort de votre imprimante. Vous regardez votre copie et, malheur, vous y trouvez une erreur de frappe. Alors, à l'aide de votre bonne gomme à effacer, vous éliminez l'erreur. Ensuite, vous faites réimprimer la lettre, et la même erreur y apparaît.

Bonté divine, comment cela se peut-il? Vous venez de l'effacer! Alors, cette fois-ci, vous employez une meilleure gomme à effacer, et vous frottez plus fort et plus longtemps que la première fois. Vous lisez même un manuel de trois cents pages intitulé *Effacer avec efficacité*. Vous disposez maintenant de tous les «outils» et de toutes les connaissances nécessaires. Vous êtes prêt. Vous faites imprimer la lettre, et revoilà l'erreur! «C'est pas vrai!» vous exclamez-vous, n'y comprenant rien. «Comment est-ce possible? Je rêve, ou quoi?»

Ce qui se passe ici, c'est que le vrai problème ne peut être résolu dans «l'imprimé», à savoir le monde physique; il ne peut l'être que dans «le programme», à savoir dans les mondes mental, émotionnel et spirituel.

L'argent est un résultat, la richesse est un résultat, la santé est un résultat, la maladie est un résultat, votre poids est un résultat. Nous vivons dans un monde de causalité.

PRINCIPE D'ENRICHISSEMENT :
L'argent est un résultat, la richesse est un résultat, la santé est un résultat, la maladie est un résultat, votre poids est un résultat. Nous vivons dans un monde de causalité.

Avez-vous déjà entendu quelqu'un affirmer que le manque d'argent était quelque peu un problème? Maintenant, écoutez-moi bien: Le manque d'argent n'est jamais, au grand jamais, un problème. Le manque d'argent n'est que le symptôme de ce qui se passe sous la surface.

Le manque d'argent est l'effet, mais quelle en est la cause profonde? Elle se résume à ceci: Le seul moyen de changer son monde «extérieur» consiste à changer d'abord son monde «intérieur».

Quels que soient les résultats que vous obtiendrez, qu'ils soient riches ou pauvres, bons ou mauvais, positifs ou négatifs, rappelez-vous toujours que votre monde extérieur n'est que le reflet de votre monde intérieur. Si les choses ne vont pas bien dans votre vie extérieure, c'est parce que les choses ne vont pas bien dans votre vie intérieure. Voilà tout.

LES DÉCLARATIONS: UN SECRET PUISSANT POUR CHANGER

Dans mes séminaires, nous employons des techniques d'«apprentissage accéléré» qui vous aideront à apprendre plus rapidement et à retenir davantage ce que vous apprendrez. La clef de la réussite est «l'engagement». Notre approche est fondée sur un vieil adage: «Ce qu'on entend, on l'oublie; ce qu'on voit, on s'en souvient; ce qu'on fait, on le comprend.»

Je vais donc vous demander, chaque fois que vous arriverez à la fin de l'explication d'un principe majeur dans le présent livre, de mettre d'abord la main sur votre cœur, puis de faire une «déclaration» verbale, pour ensuite vous toucher la tête de votre index et faire une autre «déclaration».

Qu'est-ce qu'une déclaration? Ce n'est qu'une affirmation positive que vous exprimez avec conviction, à voix haute. En quoi les déclarations sont-elles un outil si précieux? Parce que tout est fait d'une chose: d'énergie. Toute énergie voyage en fréquences et en vibrations. Par conséquent, chaque déclaration qu'on fait comporte sa propre fréquence de vibrations. Quand on exprime une déclaration à voix haute, l'énergie qu'elle dégage vibre dans toutes les cellules du corps, et en touchant son corps en même temps, on peut en sentir la résonance unique. Les déclarations envoient non seulement un message précis à l'univers, mais aussi un message puissant à notre subconscient.

La différence entre une déclaration et une affirmation est légère, mais dans mon esprit, puissante. L'affirmation se définit comme «un énoncé positif indiquant qu'un objectif que vous souhaitez atteindre est déjà en train de se réaliser». La déclaration se définit comme «le fait d'exprimer l'intention officielle d'entreprendre l'exécution d'un certain plan d'action ou d'adopter un certain état de chose».

L'affirmation indique que l'objectif poursuivi est en train de se réaliser. Je ne raffole pas de cette façon de faire, parce que, souvent, quand on affirme quelque chose qui ne s'est pas encore concrétisé, on entend habituellement sa petite voix intérieure répondre : «Ce n'est pas vrai, c'est de la foutaise.»

Par contre, la déclaration ne consiste pas à dire que quelque chose est vrai, mais plutôt à exprimer qu'on a l'intention de faire ou d'être quelque chose. Il s'agit d'un point de vue auquel sa voix intérieure peut adhérer, car on n'affirme pas que c'est vrai à l'instant même, mais que c'est une intention qu'on a par rapport à l'avenir.

Par définition, la déclaration est également *officielle*. Il s'agit d'un énoncé formel d'énergie qu'on envoie dans l'univers et dans tout son corps.

Il y a un autre mot de la définition qui est important : *action*. On doit entreprendre toutes les actions nécessaires pour faire de son intention une réalité.

Je recommande que vous exprimiez vos déclarations à voix haute matin et soir. Le faire devant la glace aura pour effet d'en accélérer le processus.

Je dois cependant admettre que, la première fois que j'ai entendu parler de tout cela, je me suis dit : «Voyons donc. Cette histoire de déclaration est un peu trop excessive à mon goût.» Mais étant donné que j'étais fauché à l'époque, je me suis dit également que ça ne pouvait pas me faire de tort et je me suis mis à faire des déclarations à mon tour. Aujourd'hui, je suis riche, alors on ne devrait pas s'étonner de ce que je croie que les déclarations fonctionnent véritablement.

D'une manière ou d'une autre, j'aimerais mieux être vraiment excessif et vraiment riche que d'être vraiment classe et vraiment fauché. Et vous ?

Cela dit, je vous invite à mettre la main sur votre cœur et à répéter après moi :

*   **DÉCLARATION :**
    « Mon monde intérieur crée mon monde extérieur. »

    Maintenant, touchez-vous la tête et dites :
    « J'ai un esprit millionnaire. »

En prime, si vous allez sur le site Web **www.millionairemind book.com** et que vous cliquez sur «FREE BOOK BONUSES», nous vous enverrons gratuitement la liste de toutes les déclarations contenues dans le présent livre sous forme calligraphique, imprimable et possible à encadrer (en anglais seulement).

QUEL EST VOTRE PLAN FINANCIER INTÉRIEUR ET COMMENT SE CRÉE-T-IL ?

Que je passe à la radio ou à la télévision, on me reconnaît facilement cette parole : «Donnez-moi cinq minutes, et je vous prédirai votre avenir financier pour le reste de votre vie.»

PRINCIPE D'ENRICHISSEMENT :
Donnez-moi cinq minutes, et je vous prédirai votre avenir financier pour le reste de votre vie.

Comment? Dans une courte conversation, je peux identifier ce qu'est votre «plan» financier et de réussite. Chacun de nous a un plan financier et de réussite imprimé dans son subconscient. Et ce plan intérieur déterminera, plus que tout le reste combiné, votre destinée financière.

Qu'est-ce qu'un plan financier intérieur? En guise d'analogie, considérons le plan d'une maison, qui est un plan ou un dessin prédéterminé en vue de la construction de cette maison. De la même manière, votre plan financier intérieur est simplement votre programme ou votre façon prédéterminée d'être en relation avec l'argent.

Je tiens à vous présenter une formule extrêmement importante. Elle détermine la manière dont vous créez votre réalité et votre statut financier. Bon nombre des enseignants parmi les plus respectés du domaine du potentiel humain ont fondé leurs enseignements sur cette formule. Ce Processus de la manifestation, comme on l'appelle, fonctionne ainsi:

$$P \rightarrow S \rightarrow A = R$$

PRINCIPE D'ENRICHISSEMENT:
Les pensées mènent aux sentiments.
Les sentiments mènent aux actions.
Les actions mènent aux résultats.

Votre plan financier intérieur est une combinaison de vos pensées, de vos sentiments et de vos actions dans le domaine financier.

Alors, comment votre plan financier intérieur se crée-t-il? La réponse est simple. Il se compose principalement des renseignements ou de la «programmation» que vous avez reçue par le passé, surtout durant l'enfance.

Qui ont été les principales sources de cette programmation ou de ce conditionnement ? Dans la plupart des cas, la liste inclut les parents, les frères et sœurs, les amis, les symboles d'autorité, les professeurs, les dirigeants religieux, les médias et votre propre culture, pour n'en nommer que quelques-uns.

Prenons la culture. N'est-il pas vrai que certaines cultures ont une manière de voir les choses et de composer avec les questions financières, alors que d'autres ont une approche différente ? Croyez-vous qu'un enfant vienne au monde avec sa propre attitude par rapport à l'argent, ou croyez-vous qu'on *enseigne* à l'enfant comment composer avec les questions financières ? Bien sûr. Tous les enfants se font enseigner comment penser par rapport à l'argent et comment agir par rapport à l'argent.

Il en va de même pour vous, pour moi, pour tout le monde. On vous a enseigné comment penser et agir en matière d'argent. Ces enseignements deviennent votre conditionnement, qui devient automatiquement des réactions qui vous dicteront votre conduite pour le reste de votre vie. À moins, bien sûr, que vous interveniez et que vous révisiez les dossiers financiers de votre esprit. Voilà précisément ce que nous allons faire dans le présent livre, et ce que nous faisons pour des milliers de gens chaque année, à un niveau plus profond et plus permanent lors du Millionaire Mind Intensive Seminar.

Nous avons dit plus tôt que les pensées mènent aux sentiments, que les sentiments mènent aux actions, que les actions mènent aux résultats. Alors, voici une question intéressante : D'où vos pensées proviennent-elles ? Pourquoi pensez-vous différemment d'une autre personne ?

Vos pensées proviennent des «dossiers de renseignements» que vous avez rangés dans les classeurs de votre esprit. Alors, d'où proviennent ces renseignements ? Ils proviennent de votre programmation passée. C'est vrai, votre conditionnement passé détermine chaque pensée qui surgit dans votre esprit. Voilà pourquoi on le désigne souvent comme l'esprit conditionné.

Pour refléter cette compréhension, nous pouvons maintenant réviser notre Processus de manifestation pour qu'il devienne ceci :

$$P \rightarrow P \rightarrow S \rightarrow A = R$$

Votre programmation mène à vos pensées ; vos pensées mènent à vos sentiments ; vos sentiments mènent à vos actions ; vos actions mènent à vos résultats.

Par conséquent, comme cela se fait à l'ordinateur, en modifiant votre programmation, vous faites le premier pas essentiel vers la modification de vos résultats.

Ainsi donc, comment sommes-nous conditionnés ? Nous sommes conditionnés de trois façons principales dans chaque sphère de la vie, y compris la sphère financière :

- *La programmation verbale :* Qu'avez-vous *entendu* lorsque vous étiez jeune ?
- *L'exemple reçu :* Qu'avez-vous *vu* lorsque vous étiez jeune ?
- *Les incidents spécifiques :* Qu'avez-vous *vécu* lorsque vous étiez jeune ?

Les trois dimensions du conditionnement sont importantes à comprendre, je vous propose donc de revenir sur chacune d'elles. Dans la Deuxième partie, vous apprendrez à vous conditionner de nouveau par rapport à l'argent et à la réussite.

LA PREMIÈRE INFLUENCE : LA PROGRAMMATION VERBALE

Commençons par la programmation *verbale*. Qu'avez-vous entendu dire au sujet de l'argent, de la richesse et des riches en grandissant ?

Avez-vous déjà entendu des choses comme *l'argent est la racine de tous les maux, économisez pour les mauvais jours, les riches sont avares, les riches sont des criminels, les sales riches, il faut travailler dur pour faire de l'argent, l'argent ne pousse pas dans les arbres, on ne peut être à la fois riche et spirituel, l'argent n'achète pas le bonheur, l'argent parle, les riches s'enrichissent et les pauvres s'appauvrissent, ce n'est pas pour des gens comme nous, tout le monde ne peut pas être riche, il n'y en a jamais assez,* et le fameux *on ne peut pas se le permettre*?

Chez mes parents, chaque fois que j'ai demandé le moindre sou à mon père, je l'ai entendu me crier : «En quoi est-ce que je suis fait… en argent?» À la blague, je lui répondais : «J'aimerais bien. Je prendrais un bras, une main, même un doigt.» Il ne l'a jamais trouvée drôle.

C'est ici que le bât blesse. Tout ce que nous entendons dire au sujet de l'argent quand nous sommes jeunes reste dans notre subconscient, inscrit dans le plan qui dirige notre vie financière.

Le conditionnement verbal est extrêmement puissant. Par exemple, lorsque mon fils, Jesse, avait trois ans, il est venu me voir en courant pour me dire tout enthousiaste : «Papa, allons voir le film de Ninja Turtle. Il passe près de chez nous.» Je n'arrivais pas à imaginer comment diable ce bambin pouvait être déjà expert en géographie. Mais quelques heures plus tard, j'ai obtenu ma réponse en regardant une publicité du film faite à la télé, qui se terminait par le slogan habituel : «À l'affiche dans un cinéma près de chez vous.»

Un des participants au séminaire Millionaire Mind a d'ailleurs fait les frais de la puissance du conditionnement verbal. Stephen n'avait aucune difficulté à *gagner* de l'argent ; ce qui lui était difficile, c'était de le *garder*.

À l'époque où Stephen a suivi mon cours, il gagnait plus de 800 000 $ par année depuis neuf ans. Mais il en était encore à gratter les fonds de tiroir. J'ignore comment, mais il arrivait toujours à dépenser son argent, à le prêter, ou à tout perdre en faisant de mauvais investissements. Quelle qu'en ait été la raison, sa valeur nette était exactement de zéro !

Stephen nous a indiqué qu'en grandissant sa mère avait pour habitude de dire: «Les riches sont avares. Ils font leur argent sur le dos des pauvres. Tu devrais en avoir tout juste assez pour t'en sortir. Après ça, tu deviens un porc.» Inutile d'avoir un doctorat pour savoir ce qui se passait dans la tête de Stephen. Rien d'étonnant à ce qu'il ait été fauché. Sa mère l'avait conditionné verbalement à croire que les riches étaient avares. Par conséquent, son esprit faisait le lien entre riche et avare, ce qui évidemment est *mal*. Étant donné qu'il ne voulait pas être une mauvaise personne, il s'interdisait inconsciemment d'être riche.

Stephen aimait sa mère et ne voulait pas qu'elle le désapprouve. De toute évidence, compte tenu des croyances de celle-ci, s'il devenait riche, elle le désapprouverait. Tout ce qu'il avait à faire consistait donc à se départir de tout argent excédentaire, ne gardant que le nécessaire pour survivre, sans quoi il deviendrait un porc !

On penserait qu'entre être riches et être approuvés de leur mère ou de qui que ce soit d'autre, en fait, la plupart des gens choisiraient d'être riches. Faux ! L'esprit ne fonctionne pas du tout de cette manière. Bien entendu, la richesse semblerait être le choix logique à faire. *Mais lorsque le subconscient doit choisir entre des émotions profondément ancrées et la logique, les émotions l'emporteront presque toujours sur la logique.*

PRINCIPE D'ENRICHISSEMENT :
Mais lorsque le subconscient doit choisir entre des émotions profondément ancrées et la logique, les émotions l'emporteront presque toujours sur la logique.

Retournons à notre histoire. Grâce à des techniques expérimentales extrêmement efficaces, le plan financier intérieur de

Stephen a changé du tout au tout en moins de dix minutes après le début du cours. En seulement deux ans, de fauché il est devenu millionnaire.

Durant le cours, Stephen a commencé à comprendre que ces croyances néfastes lui venaient de sa mère, étaient fondées sur la programmation passée de cette dernière, et non sur la sienne. Nous sommes donc allés un pas plus loin et l'avons aidé à se créer une stratégie par laquelle il n'allait pas perdre l'approbation de sa mère s'il devenait riche. C'était simple.

Sa mère aimait Hawaii. Stephen a donc investi dans un condo sur la plage de Maui. Il l'y envoie passer tout l'hiver. Elle est ainsi au paradis, et lui aussi. Premièrement, elle aime maintenant qu'il soit riche et raconte à tout le monde combien il est généreux. Deuxièmement, il n'a pas à composer avec elle pendant six mois de l'année. C'est brillant !

Dans ma propre vie, après des débuts hésitants, je me suis mis à réussir en affaires, mais je ne semblais jamais arriver à faire de l'argent avec mes actions en bourse. En prenant conscience de mon plan financier intérieur, je me suis souvenu que, quand j'étais plus jeune, chaque jour mon père s'assoyait à table en rentrant du travail avec le journal pour vérifier les pages boursières, et frappait la table du poing en s'exclamant : « Ces foutues actions ! » Il passait la demi-heure suivante à maugréer contre tout le système, qu'il trouvait stupide, et à dire qu'on avait plus de chances de faire de l'argent en jouant aux machines à sous à Las Vegas.

Maintenant que vous comprenez la puissance du conditionnement verbal, pouvez-vous voir qu'il n'est pas surprenant que je n'aie pu faire le moindre argent à la bourse ? J'étais littéralement programmé pour échouer, programmé pour choisir inconsciemment les mauvaises actions en bourse, pour les acheter au mauvais prix, au mauvais moment. Pourquoi ? Pour valider inconsciemment mon plan financier intérieur, qui me disait : « La bourse, c'est de la foutaise ! »

Tout ce que je peux dire, c'est qu'en arrachant cette multitude de mauvaises herbes de mon «jardin financier» intérieur, tellement plus de fruits se sont mis à y pousser! Dès le lendemain de mon reconditionnement, les actions en bourse que je choisissais se sont mises à rapporter, et je continue depuis lors de réussir à la bourse de manière étonnante. Cela semble incroyablement étrange, mais quand on saisit vraiment le fonctionnement de son plan financier intérieur, la réussite va de soi.

Encore une fois, votre conditionnement inconscient détermine votre pensée. Votre pensée détermine vos décisions, et vos décisions déterminent vos actions, qui en viendront à déterminer vos résultats.

Il y a quatre éléments clés de changement, et chacun est essentiel à la nouvelle programmation de votre plan financier intérieur. Ils sont simples, mais d'une grande puissance.

Le premier élément de changement est *la prise de conscience*. On ne peut changer quelque chose à moins de savoir que ce quelque chose existe.

Le deuxième élément de changement est *la compréhension*. En comprenant d'où provient votre «mode de pensée», vous en venez à reconnaître qu'il doit provenir de l'extérieur de vous.

Le troisième élément de changement est *la dissociation*. Une fois que vous avez réalisé que ce mode de pensée n'est pas vous, vous pouvez vous en séparer et choisir à l'instant même si vous voulez le garder ou le laisser aller – selon la personne que vous êtes aujourd'hui, et où vous voulez en être rendu demain. Vous pouvez observer ce mode de pensée et le voir pour ce qu'il est, à savoir un «dossier» de renseignements qui a été classé dans votre esprit il y a très longtemps et qui ne contient peut-être plus aucune vérité ou n'a peut-être plus aucune valeur pour vous.

Le quatrième élément de changement est *le reconditionnement*. Nous aborderons ce processus dans la Deuxième partie, où nous vous ferons découvrir les dossiers mentaux qui génèrent la richesse. Si vous deviez faire un pas de plus vers l'avant, je vous invite à assister au Millionaire Mind Intensive Seminar, où on vous expliquera une série de techniques expérimentales puissantes qui programmera votre subconscient de nouveau à un niveau cellulaire et permanent, c'est-à-dire qu'on entraînera votre esprit à bien réagir par rapport à l'argent et à la réussite.

Comme les éléments de la fréquence et du soutien continu sont également importants pour qu'un changement durable se produise, j'ai un autre don à vous faire pour vous venir en aide. Si vous allez visiter le site **www.millionairemindbook.com** et que vous cliquez sur «FREE BOOK BONUSES», vous pourrez vous abonner à «la pensée de la semaine» de l'esprit millionnaire. Tous les sept jours, vous recevrez une leçon profonde susceptible de favoriser votre réussite.

Entre-temps, revenons-en au conditionnement verbal et aux pas que vous pouvez faire dès maintenant pour commencer à réviser votre plan financier intérieur.

LES ÉTAPES DU CHANGEMENT : LA PROGRAMMATION VERBALE

- **LA PRISE DE CONSCIENCE :** Écrivez noir sur blanc tout ce que vous avez entendu dire au sujet de l'argent, de la richesse et des riches quand vous étiez jeune.

- **LA COMPRÉHENSION :** Écrivez noir sur blanc l'incidence que, selon vous, ces paroles ont eue jusqu'ici sur votre vie financière.

- **LA DISSOCIATION :** Pouvez-vous voir que ces pensées ne représentent que ce que vous avez appris et ne font ni partie de votre anatomie ni de la personne que vous êtes ? Pouvez-vous voir que vous avez à l'heure même le choix d'être différent ?

- **LA DÉCLARATION :** Mettez la main sur votre cœur et dites…

« Ce que j'ai entendu dire au sujet de l'argent n'est pas nécessairement vrai. Je choisis d'adopter de nouvelles façons de penser qui favorisent le bonheur et la réussite. »

Touchez-vous la tête et dites…
« J'ai un esprit millionnaire. »

LA DEUXIÈME INFLUENCE : L'EXEMPLE

La deuxième façon dont nous sommes conditionnés porte le nom d'exemple. Comment se comportaient vos parents par rapport à l'argent lorsque vous grandissiez ? Est-ce qu'un des deux ou les deux géraient bien ou mal leur argent ? Étaient-ils dépensiers ou économes ? Investissaient-ils avec sagesse ou n'investissaient-ils pas du tout ? Prenaient-ils des risques ou étaient-ils conservateurs ? Avaient-ils toujours de l'argent en banque ou était-ce le cas seulement de manière sporadique ? Faisait-on facilement de l'argent dans votre famille, ou était-ce toujours un domaine difficile ? L'argent était-il une source de joie dans votre foyer ou la cause de querelles amères ?

En quoi ces renseignements sont-ils importants ? Vous avez probablement entendu dire que les singes s'imitent entre eux. Eh bien, les être humains en font autant. Enfants, nous apprenons presque tout par l'exemple.

Même si la plupart d'entre nous détesteraient avoir à le reconnaître, il y a plus d'une parcelle de vérité dans le vieux dicton : « La pomme ne tombe jamais bien loin de l'arbre. »

Cela me rappelle l'histoire de la femme qui prépare le jambon pour le repas du soir et en coupe les deux bouts. Son mari, étonné, lui demande pourquoi elle en coupe les deux extrémités. Elle lui répond : « C'est comme ça que ma mère le préparait. » Eh bien, ce soir-là, sa mère venait justement manger chez eux, alors ils lui ont demandé pourquoi elle coupait les bouts du jambon. La mère leur répond : « C'est comme ça que ma mère le préparait. » Ils décident donc d'appeler grand-mère au téléphone pour lui demander pourquoi elle coupait les bouts du jambon. Sa réponse : « Parce que ma casserole était trop petite ! »

En matière d'argent, on a généralement tendance à agir comme un de ses parents ou les deux.

Par exemple, mon père était entrepreneur. Il construisait des maisons. Il pouvait bâtir entre une dizaine et une centaine de maisons par projet. Chaque projet exigeait un énorme investissement de capitaux. Mon père devait y injecter tout ce que nous possédions et emprunter beaucoup d'argent à la banque jusqu'à ce que les maisons se vendent et qu'il rentre dans son argent. Par conséquent, au début de chaque projet, nous n'avions pas d'argent et étions endettés au possible.

Comme vous pouvez l'imaginer, au cours de cette période, mon père n'était pas d'une humeur très agréable et était loin d'être généreux. Si je lui demandais ne serait-ce qu'un sou, il me servait invariablement sa réplique « Est-ce que je suis fait en argent ? » suivie de : « Es-tu fou ? » Bien entendu, je n'obtenais pas un sou, mais ce que j'obtenais, c'était un regard qui voulait dire : « Ne t'avise pas de me le redemander ! » Je suis certain que vous voyez de quoi je veux parler.

Ce scénario durait environ un an ou deux, jusqu'à ce que les maisons soient enfin vendues. On était alors pleins aux as. Soudain, mon père devenait quelqu'un d'autre. Il était heureux, doux, et extrêmement généreux. Il venait me voir pour me demander si j'avais besoin d'un peu d'argent. J'avais envie de lui servir son regard détestable, mais comme je n'étais pas stupide, je lui répondais : « Bien sûr, papa, merci », puis je roulais les yeux.

La vie était agréable… jusqu'au jour tant redouté où mon père rentrait à la maison en annonçant : « J'ai trouvé un beau terrain. Nous allons nous remettre à construire. » Je me rappelle distinctement que je lui répondais intérieurement : « Formidable, papa, bonne chance ! » avec le cœur lourd, connaissant le combat qui était sur le point de s'amorcer de nouveau.

Si je me rappelle bien, cela a duré d'environ six ans à vingt et un ans, l'âge auquel j'ai quitté le nid pour de bon. Le cycle s'est arrêté là, du moins c'est ce que je croyais.

À vingt et un ans, j'ai terminé mes études et, comme vous l'aurez deviné, je suis devenu entrepreneur en construction. Puis, je suis passé à quelques autres types d'entreprises fondées sur des projets. Pour une raison étrange, j'amassais une petite fortune, mais peu après je me retrouvais fauché. Je me lançais alors dans une autre entreprise et je me croyais au sommet du monde de nouveau, tout cela pour me retrouver une fois de plus au pied de l'échelle un an plus tard.

Ce cycle de hauts et de bas s'est poursuivi pendant près de dix ans avant que je réalise que le problème n'avait peut-être rien à voir avec le type d'entreprise que je choisissais, les partenaires que je choisissais, les employés que j'avais, la conjoncture économique, ou ma décision de prendre des congés et me détendre lorsque les choses allaient bien. J'ai fini par réaliser qu'il se pouvait bien que je revive inconsciemment le cycle de revenu de mon père marqué par les hauts et les bas.

Tout ce que je peux dire, c'est que Dieu merci j'ai appris ce que vous apprenez dans le présent livre et que j'ai réussi à me conditionner de nouveau, de manière à échapper à ce cycle «yoyo» au profit d'un enrichissement constant. Aujourd'hui, l'envie me prend encore parfois de changer quand les choses vont bien (et de miner mes chances du même coup). Mais maintenant, j'ai un autre dossier financier dans mon esprit qui me signale cette envie et m'amène à me dire : « Merci de me la signaler ; maintenant, concentre-toi et reprends le travail. »

Un autre exemple me vient d'un des séminaires que j'ai donné à Orlando, en Floride. Comme d'habitude, les gens faisaient la file jusqu'à l'estrade pour obtenir mon autographe, et pour me dire bonjour ou me remercier, ou quelque chose d'autre. Je n'oublierai jamais un certain homme âgé qui est venu se présenter à moi en pleurant. Il arrivait à peine à reprendre son souffle et s'essuyait constamment les yeux de sa manche. Je lui ai demandé ce qui n'allait pas. Il m'a répondu : «J'ai soixante-trois ans, et je lis des livres et j'assiste à des séminaires depuis qu'on les a inventés. J'ai vu tous les conférenciers et j'ai essayé tout ce qu'ils enseignaient. J'ai essayé la bourse, l'immobilier, et j'ai démarré plus d'une dizaine d'entreprises différentes. Je suis retourné à l'université et j'ai obtenu un diplôme de deuxième cycle. J'ai plus de connaissances que dix hommes ordinaires, mais je n'ai jamais réussi financièrement. Je connaissais toujours un bon départ, mais je finissais toujours les mains vides, et durant toutes ces années j'en avais toujours ignoré la raison. Je me disais que je devais être complètement stupide… jusqu'à aujourd'hui.

«Finalement, après vous avoir entendu et avoir exécuté les processus que vous recommandez, tout a pris son sens. Il n'y a rien qui cloche chez moi. C'est seulement que j'avais le plan financier intérieur de mon père imprimé dans le crâne, ce qui fait que j'étais vaincu d'avance. Mon père a traversé le pire de la Grande Crise. Chaque jour, il essayait de se trouver du travail ou de vendre des choses et rentrait bredouille à la maison. J'aurais aimé comprendre la question de l'exemple et de l'argent quarante ans plus tôt. Quelle perte de temps, tout cet apprentissage et toutes ces connaissances ! » Puis, il s'est remis à pleurer de plus belle.

Je lui ai répondu : «Vos connaissances sont loin d'être une perte de temps ! Elles étaient juste latentes, elles attendaient simplement dans une banque "en esprit", elles attendaient l'occasion de sortir. Maintenant que vous avez formulé un "plan de réussite intérieur", tout ce que vous avez appris dans la vie deviendra utile et vous connaîtrez la réussite en un temps record. »

Pour la plupart d'entre nous, lorsque nous entendons la vérité, nous la reconnaissons. L'homme a commencé à avoir le cœur plus léger et s'est remis à respirer profondément. Puis, un large sourire s'est dessiné sur son visage. Il m'a servi une de ces accolades et m'a dit : «Merci, merci, merci. » La dernière fois que j'ai entendu parler de lui, tout lui réussissait : il avait fait plus d'argent au cours des dix-huit derniers mois qu'au cours des dix-huit années précédentes combinées. C'est génial !

Encore une fois, on aura beau avoir toute la connaissance et toutes les compétences du monde, si son «plan financier intérieur» n'est pas réglé sur la réussite, on n'a aucune chance de prospérer.

Nous avons souvent des participants à nos séminaires dont les parents ont pris part à la Seconde Guerre mondiale ou qui ont traversé la Grande Crise. Ces gens tombent souvent des nues en découvrant combien le vécu de leurs parents a influé sur leurs croyances et leurs habitudes en matière d'argent. Il y en a qui dépensent comme des fous en se disant : «Je pourrais facilement perdre tout mon argent, alors autant en profiter pendant que j'en ai l'occasion.» D'autres font tout le contraire : ils amassent leur argent et «économisent pour les mauvais jours».

Une parole de sagesse : Il se pourrait que d'économiser pour les mauvais jours semble être la chose à faire, mais cela risque d'engendrer de graves problèmes. Un autre principe que nous enseignons lors d'un autre de nos cours concerne le pouvoir de l'intention. Si vous économisez votre argent pour les *mauvais* jours, qu'obtiendrez-vous ? De mauvais jours. Arrêtez de faire cela. Au lieu d'économiser pour les mauvais jours, concentrez-vous sur la nécessité d'économiser pour les jours *heureux* ou pour le jour où vous obtiendrez votre autonomie financière. Alors, selon la loi de l'intention, c'est exactement ce que vous obtiendrez.

Comme nous l'avons dit précédemment, la plupart d'entre nous ont tendance à être comme l'un de leurs parents ou les deux en matière financière, mais il y a également l'envers de la médaille. Certains d'entre nous en viennent à être tout à l'opposé d'un de leurs parents ou des deux. Pourquoi en est-il ainsi ? Les mots *colère* et *rébellion* vous disent-ils quelque chose ? Pour être bref, je dirai que cela dépend de la mesure dans laquelle vous leur en vouliez.

Malheureusement, enfants, nous ne pouvons pas dire à nos parents : « Maman et papa, assoyez-vous. J'aimerais discuter de quelque chose avec vous. Je n'aime pas trop votre façon de gérer votre argent ou, tant qu'à y être, votre vie, alors quand je serai grand, je ferai les choses de manière bien différente. J'espère que vous comprenez. Dormez bien maintenant, et faites de beaux rêves. »

Non, non, non, les choses ne se passent pas vraiment ainsi. En fait, quand on nous cherche, on nous trouve habituellement et notre réaction ressemble plutôt à : « Je te déteste. Je ne serai jamais comme toi. Quand je serai grand, je serai riche. J'aurai alors tout ce que je veux, que ça te plaise ou non. » Puis, on court se réfugier dans sa chambre, on en fait claquer la porte et on se met à frapper dans l'oreiller ou quoi que ce soit qu'on a sous la main, afin de donner libre cours à sa frustration.

Beaucoup de gens qui sont issus de familles démunies se mettent en colère et se rebellent contre cette situation. Souvent, ils vont s'enrichir ou du moins ils sont motivés à s'enrichir. Mais il y a un petit inconvénient, qui est en fait un gros ennui. Lorsque ces gens font fortune ou s'échinent à essayer de réussir, ils ne sont habituellement pas heureux. Pourquoi ? Parce que leur fortune ou leur motivation pour s'enrichir a pour racines la colère et le ressentiment. Par conséquent, un lien se crée dans leur esprit entre *l'argent* et *la colère*, et plus de telles personnes ont d'argent ou veulent en avoir, plus elles sont en colère.

Le surmoi en vient à dire : « J'en ai assez d'être en colère et d'être stressé. Je veux seulement être en paix et heureux. » Alors, ils demandent au même esprit qui a créé le *lien* ce qu'ils devraient faire à ce sujet. À cela, leur esprit répond : « Si tu veux te défaire de ta colère, tu vas devoir te défaire de ton argent. » C'est donc ce qu'ils font. Ils se défont inconsciemment de leur argent.

Ils dépensent trop ou prennent une mauvaise décision d'investissement, ou obtiennent un divorce désastreux sur le plan financier, ou minent leurs chances de réussite d'une quelconque autre manière. Mais peu importe, parce qu'ils sont désormais heureux. N'est-ce pas? Faux! Les choses ont même empiré, parce qu'ils ne sont plus uniquement en colère, mais encore ils sont fauchés et en colère. Ils se sont défaits de la mauvaise chose!

Ils se sont défaits de leur argent plutôt que de leur colère, du fruit plutôt que de la racine. Entre-temps, le véritable problème, c'est et ce sera toujours la colère qui existe entre eux et leurs parents. Par ailleurs, jusqu'à ce que leur colère se soit apaisée, ils ne seront jamais vraiment heureux ou paisibles, peu importe combien d'argent ils ont ou ils n'ont pas.

La raison qui vous pousse à faire de l'argent ou à chercher à réussir est primordiale. Si ce qui vous motive à acquérir de l'argent ou à réussir a pour racines la peur, la colère ou la nécessité de vous prouver des choses, votre argent ne vous apportera jamais le bonheur.

PRINCIPE D'ENRICHISSEMENT:
Si ce qui vous motive à acquérir de l'argent ou à réussir a pour racines la peur, la colère ou la nécessité de vous prouver des choses, votre argent ne vous apportera jamais le bonheur.

Pourquoi? Parce que vous ne pouvez résoudre aucun de ces problèmes avec de l'argent. Prenons la peur, par exemple. Au cours de mes séminaires, je demande à l'auditoire: «Combien d'entre vous diraient que la peur est leur principale motivation pour vouloir réussir?» Il n'y a pas beaucoup de gens qui lèvent la main. Par contre, quand je demande ensuite: «Combien d'entre vous diraient que la sécurité fait partie de leurs principales motivations pour vouloir réussir?» presque tout le monde lève la main. Mais imaginez-vous donc que la sécurité et la peur sont toutes les deux motivées par la *même* chose. La recherche de la sécurité vient de l'insécurité, qui est issue de la peur.

Ainsi donc, est-ce que plus d'argent éliminera la peur ? On aimerait bien ! Mais la réponse est : Absolument pas. Pourquoi ? Parce que l'argent n'est pas la racine du problème ; c'est la peur qui l'est. Le pire, c'est que la peur n'est pas juste un problème, c'est aussi une habitude. Par conséquent, faire plus d'argent n'aura pour résultat que de changer le type de peur qui nous habite. Lorsque nous étions fauchés, nous craignions fort probablement de ne jamais parvenir à faire de l'argent ou d'en avoir suffisamment. Une fois que nous en faisons, cependant, notre peur change habituellement et nous pousse à nous dire : « Et si je perdais ce que j'ai ? » ou « Tout le monde va vouloir ce que j'ai », ou « Je vais me faire saigner à blanc par le fisc. » En bref, d'ici à ce que nous en venions à la racine de ce problème et que nous calmions notre peur, aucune somme d'argent ne nous viendra en aide.

Bien entendu, s'ils en avaient le choix, la plupart d'entre nous préféreraient craindre d'avoir de l'argent et de le perdre que de ne pas avoir d'argent du tout, mais ni l'une ni l'autre de ces deux façons de vivre n'est très éclairée.

Comme c'est le cas de ceux d'entre nous qui sont motivés par la peur, beaucoup de gens sont motivés à connaître la réussite financière pour prouver qu'ils sont « assez bons ». Nous aborderons ce défi en détail dans la Deuxième partie, mais pour l'instant, il vous suffira de réaliser qu'aucune somme d'argent ne pourra jamais vous procurer le sentiment d'être assez bon. L'argent ne peut faire de vous ce que vous êtes déjà. Ici encore, comme pour la peur, le fait de toujours devoir vous prouver des choses devient votre mode de vie habituel. Vous ne réalisez pas même qu'il vous contrôle. Vous dites de vous-même que vous êtes très performant, très dynamique, très déterminé, et tous ces traits de caractère sont bons. La seule question est de savoir pourquoi. Qu'est-ce qui, à la base, motive tout cela ?

Dans le cas des gens qui sont poussés à prouver qu'ils sont assez bons, aucune somme d'argent ne saurait alléger la souffrance que leur inflige cette blessure intérieure qui fait que tous et tout dans leur vie «ne suffisent pas». Aucune somme d'argent, ni rien d'autre en fait, ne suffira aux gens qui ont le sentiment de ne pas être suffisamment bons en eux-mêmes.

Ici encore, tout dépend de vous. Rappelez-vous que votre monde extérieur reflète votre monde intérieur. Si vous croyez que vous n'êtes pas assez bon, vous validerez cette croyance et créerez la réalité selon laquelle vous n'avez pas assez. Par contre, si vous croyez être suffisamment bon, vous validerez cette croyance et créerez une grande abondance dans votre vie. Pourquoi? Parce que «suffisamment» sera votre racine, qui deviendra alors votre façon d'être naturelle.

En brisant le lien entre ce qui vous pousse à faire de l'argent et la colère, la peur et le besoin de vous prouver des choses, vous pourrez vous créer de nouveaux liens pour gagner votre argent par un *but précis*, une *contribution* et la *joie*. Ainsi, vous n'aurez jamais à vous défaire de votre argent pour être heureux.

Être rebelle ou à l'opposé de vos parents ne constitue pas toujours un problème. Au contraire, si vous étiez rebelle (comme c'est souvent le cas du deuxième enfant d'une famille) et que vos parents géraient mal leur argent, c'est probablement une bonne chose que vous soyez à leur opposé. Par contre, si vos parents réussissaient bien dans la vie et que vous vous rebelliez contre eux, il se pourrait que vous éprouviez de graves difficultés financières.

D'une manière ou d'une autre, l'important, c'est que vous sachiez en quoi votre façon d'être est liée à un de vos parents ou aux deux en matière financière.

LES ÉTAPES DU CHANGEMENT : L'EXEMPLE

• **LA PRISE DE CONSCIENCE :** Considérez les façons d'être et les habitudes que chacun de vos parents avait concernant l'argent et la richesse.

- **LA COMPRÉHENSION :** Écrivez noir sur blanc l'effet que cet exemple a eu sur votre vie financière.

- **LA DISSOCIATION :** Pouvez-vous voir que cette façon d'être, vous l'avez acquise et qu'elle ne fait pas partie de vous ? Pouvez-vous voir que vous avez à l'instant même le choix d'être différent ?

- **LA DÉCLARATION :** Mettez la main sur votre cœur et dites…
  « Ma façon d'agir par rapport à l'argent était leur façon de faire. Je choisis maintenant la mienne. »

Touchez-vous la tête et dites…
« J'ai un esprit millionnaire. »

LA TROISIÈME INFLUENCE : LES INCIDENTS SPÉCIFIQUES

Les incidents spécifiques constituent la troisième façon principale dont nous sommes conditionnés. Quelles expériences avez-vous faites par rapport à l'argent, à la richesse et aux riches quand vous étiez jeune ? Ces expériences sont extrêmement importantes, parce qu'elles façonnent les croyances – ou plutôt les illusions – selon lesquelles vous vivez actuellement.

En voici un exemple. Une certaine femme qui travaillait comme infirmière dans un bloc opératoire a assisté au Millionaire Mind Intensive Seminar. Josey gagnait très bien sa vie, mais elle trouvait toujours le moyen de dépenser tout son argent. Quand nous sommes allés un peu plus en profondeur, elle nous a révélé que, lorsqu'elle avait onze ans, elle se rappelle s'être trouvée dans un restaurant chinois avec ses parents et sa sœur. Sa mère et son père se querellaient encore une fois au sujet de l'argent. Son père se tenait debout, à hurler et à frapper la table de son poing. Elle se souvient de l'avoir vu s'empourprer, puis passer au bleu, pour ensuite tomber au sol en pleine crise cardiaque. Comme elle faisait partie de l'équipe de natation de son école et avait reçu la formation en RCP, elle a tenté de le réanimer, mais en vain. Son père est mort dans ses bras.

Ainsi donc, depuis ce jour, l'esprit de Josey faisait un lien entre l'argent et la *souffrance*. Il n'y a donc rien d'étonnant à ce qu'en tant qu'adulte elle se soit défait inconsciemment de tout son argent afin d'éliminer la souffrance. Il est également intéressant de remarquer qu'elle est devenue infirmière. Pourquoi? Est-il possible qu'elle s'efforçait encore de sauver la vie de son père?

Durant le séminaire, nous avons aidé Josey à identifier son vieux plan financier intérieur et à le réviser. Aujourd'hui, elle progresse très bien vers l'autonomie financière. Elle n'est d'ailleurs plus infirmière. Ce n'est pas que son emploi ne lui plaisait pas. C'est seulement qu'elle était dans la profession pour la mauvaise raison. Elle est maintenant planificatrice financière, ce qui veut dire qu'elle aide encore les gens, mais cette fois-ci individuellement, à comprendre en quoi leur programmation passée contrôle chaque dimension de leur vie financière.

Voici un autre exemple d'incident spécifique, auquel je peux plus m'identifier. Lorsque ma femme avait huit ans, elle pouvait entendre la clochette de la camionnette du marchand de glaces qui approchait dans la rue. Elle courait alors voir sa mère pour lui demander une pièce de vingt-cinq cents. Sa mère avait l'habitude de lui répondre: «Désolée, ma chérie, je n'ai pas d'argent. Va demander à papa. C'est papa qui a tout l'argent.» Ma femme allait donc voir son père. Il lui donnait la pièce en question, elle allait s'acheter son cornet de crème glacée, qu'elle mangeait ensuite allègrement.

Semaine après semaine, le même incident se répétait. Alors, qu'est-ce que ma femme a appris au sujet de l'argent?

Premièrement, que les hommes ont tout l'argent. Ainsi donc, quand nous nous sommes mariés, que pensez-vous qu'elle attendait de moi ? Bien sûr : de l'argent. Et je vous dirai une chose, elle ne demandait plus de pièces de vingt-cinq cents. Elle était passée à l'échelon supérieur.

Deuxièmement, elle a appris que les femmes n'ont pas d'argent. Si sa mère (la divinité) n'avait pas d'argent, de toute évidence il devait en être également ainsi pour elle. Afin de valider cette façon d'être, elle se défaisait inconsciemment de tout son argent. De plus, elle était plutôt systématique dans sa manière de procéder. Si on lui donnait 100 $, elle en dépensait 100. Si on lui donnait 200 $, elle en dépensait 200. Si on lui donnait 500 $, elle en dépensait 500 ; et si on lui donnait 1 000 $, elle en dépensait 1 000. Puis, elle a suivi un de mes cours et y a découvert l'art d'exploiter l'effet de levier. Alors, quand je lui donnais 2000 $, elle s'est mise à en dépenser 10 000 ! J'ai essayé de lui expliquer : « Non, ma chérie, l'effet de levier signifie que nous devons *obtenir* les 10 000 $, et non les dépenser. » Mais elle n'arrivait pas à saisir le concept.

La seule chose au sujet de laquelle nous nous sommes déjà querellés, c'est l'argent. Cela nous a presque coûté notre mariage. Ce que nous ignorions à l'époque, c'est que les significations que nous attribuions à l'argent étaient diamétralement opposées l'une à l'autre. Pour ma femme, l'argent était synonyme de *plaisir* immédiat (comme c'était le cas avec la crème glacée). Pour ma part, par contre, j'ai grandi avec la croyance que l'argent était censé être accumulé pour devenir un moyen d'obtenir la *liberté*.

En ce qui me concernait, quand ma femme dépensait de l'argent, elle ne dépensait pas de l'argent, elle dépensait notre future liberté. En ce qui la concernait, quand je l'empêchais de dépenser, je la privais du plaisir de vivre.

Dieu merci, nous avons appris à réviser nos plans financiers intérieurs respectifs et, plus important encore, à nous créer un troisième plan financier intérieur spécifiquement pour notre relation de couple.

L'HISTOIRE DE RÉUSSITE DE DEBORAH CHAMITOFF

Expéditrice : Deborah Chamitoff
Destinataire : T. Harv Eker
Objet : Libre financièrement !

Harv,

Aujourd'hui, j'ai 18 sources de revenu hors exploitation et je n'ai plus besoin de travailler. Oui, je suis riche, mais plus important encore, ma *vie* s'est enrichie, est joyeuse et abondante ! Mais les choses n'ont pas toujours été ainsi.

Avant, l'argent était un fardeau pour moi. Je confiais à des étrangers le soin de gérer mes affaires financières simplement pour ne pas avoir à le faire moi-même. J'ai presque tout perdu lors du dernier krach boursier, et je ne m'en suis même pas rendu compte avant qu'il soit trop tard.

Plus important encore, j'ai perdu le respect de ma personne. Paralysée par la peur, la honte et le désespoir, je me suis repliée sur moi-même et je me suis retranchée de tout ce qui m'entourait. J'ai continué de me punir jusqu'à ce qu'on me contraigne à assister au Millionaire Mind Intensive Seminar.

Au cours de ce week-end de transformation, j'ai regagné ma puissance et j'ai résolu de prendre les rênes de ma propre destinée financière. J'ai embrassé les Déclarations d'enrichissement et je me suis pardonné mes erreurs passées, en croyant sincèrement que je méritais d'être riche.

Et aujourd'hui, je m'amuse à gérer mon propre argent ! Je suis financièrement autonome et je sais que je le resterai toujours, car j'ai l'esprit millionnaire !

Merci, Harv… merci.

Tout cela fonctionne-t-il ? Permettez-moi de vous présenter les choses comme ceci ; j'ai été le témoin de trois miracles dans ma vie :

- La naissance de ma fille.
- La naissance de mon fils.
- Ma femme et moi ne nous querellant plus au sujet de l'argent !

Les statistiques démontrent que les relations se rompent principalement à cause de l'argent. La plus grande raison qui explique que les gens se disputent au sujet de l'argent, ce n'est pas l'argent en soi, mais l'incompatibilité de leurs «plans financiers intérieurs». L'argent que vous avez ou n'avez pas n'a aucune importance. Si votre plan financier intérieur ne correspond pas à celui de la personne avec qui vous devez composer, vous aurez un défi de taille à relever. Cela s'applique aux couples mariés, aux couples qui en sont au stade des fréquentations, aux membres d'une même famille, et même aux partenaires d'affaires. La clef du succès réside dans la compréhension du fait qu'on a affaire avec des plans financiers intérieurs, et non avec de l'argent. Une fois que vous aurez reconnu le plan financier intérieur d'une personne, vous pourrez composer avec elle d'une manière qui vous conviendra à tous les deux. Vous pouvez commencer par prendre conscience que les dossiers d'enrichissement de votre partenaire ne sont probablement pas les mêmes que les vôtres. Plutôt que de vous irriter, choisissez de comprendre. Faites de votre mieux pour découvrir ce qui compte pour votre partenaire en matière d'argent, et pour identifier ses motifs et ses craintes. Ainsi, vous composerez avec les racines plutôt qu'avec les fruits et vos chances de réussite s'en trouveront accrues. Sinon, ce sera peine perdue.

Une des choses les plus importantes que vous apprendrez, si vous décidiez d'assister au Millionaire Mind Intensive Seminar, consistera à reconnaître le plan financier intérieur de votre partenaire, ainsi que la façon de s'y prendre pour créer entre vous un tout nouveau plan financier intérieur qui vous aidera en tant que partenaires à obtenir ce que vous voulez vraiment. C'est véritablement une bénédiction que d'être capable de faire cela, car cela permet d'éliminer une des plus grandes causes de souffrance chez la plupart des gens.

LES ÉTAPES DU CHANGEMENT : LES INCIDENTS SPÉCIFIQUES

Voici un exercice que vous pourrez effectuer avec votre partenaire. Discutez ensemble de l'histoire qui vient à l'esprit de chacun de vous quand vous évoquez l'argent – ce que vous avez appris quand vous étiez jeune, l'exemple que vous avez reçu dans ce domaine au sein de votre famille, et tout incident émotionnel qui a eu lieu. De même, découvrez ce que l'argent signifie réellement pour votre partenaire. Est-il synonyme de plaisir, de liberté, de sécurité ou de rang social ? Cela vous aidera à identifier le plan financier intérieur actuel l'un de l'autre et peut-être aussi à découvrir pourquoi vous ne vous entendez pas dans ce domaine.

Ensuite, discutez de ce que vous souhaitez aujourd'hui non en tant qu'individus, mais en tant que parties prenantes d'un partenariat. Entendez-vous, en gros, sur les attitudes à adopter et les objectifs à poursuivre en matière d'argent et de réussite. Dressez par la suite la liste de ces attitudes et de ces actions sur lesquelles vous vous êtes entendus pour régler votre vie et prenez-les en note. Affichez-les au mur, et si un différend devait surgir, rappelez-vous l'un à l'autre avec douceur, beaucoup de douceur, ce que vous aviez convenu de faire quand vous étiez tous les deux objectifs, non émotifs et libres de l'emprise de votre ancien plan financier intérieur.

- **LA PRISE DE CONSCIENCE :** Considérez un incident émotionnel spécifique dont vous avez fait l'expérience concernant l'argent quand vous étiez jeune.

- **LA COMPRÉHENSION :** Écrivez noir sur blanc l'effet que, selon vous, cet incident a pu avoir sur votre vie financière actuelle.

- **LA DISSOCIATION :** Pouvez-vous voir que cette façon d'être ne représente que ce que vous avez appris et ne fait pas partie de la personne que vous êtes ? Pouvez-vous voir que vous avez à l'heure même le choix d'être différent ?

- **LA DÉCLARATION :** Mettez la main sur votre cœur et dites…
  « Je laisse aller mes expériences passées nuisibles en matière d'argent et je me crée un nouvel avenir riche. »

  Touchez-vous la tête et dites…
  « J'ai l'esprit millionnaire. »

ALORS, SUR QUOI VOTRE PLAN FINANCIER INTÉRIEUR EST-IL RÉGLÉ ?

L'heure est maintenant venue de répondre à la question « d'un million de dollars ». Quel est votre plan financier et de réussite intérieur actuel, et vers quels résultats vous fait-il cheminer inconsciemment ? Êtes-vous réglé sur la réussite, la médiocrité ou l'échec financier ? Êtes-vous programmé en vue de difficultés financières ou de la facilité financière ? Êtes-vous réglé sur un travail acharné pour gagner votre argent ou sur un travail équilibré ?

Êtes-vous conditionné pour un revenu conséquent ou pour un revenu inconséquent ? Vous savez : « D'abord, on l'a, puis on ne l'a plus, puis on l'a, puis on ne l'a plus. » On dirait toujours que les raisons de ces fluctuations extrêmes proviennent du monde extérieur. Par exemple : « J'ai décroché un emploi très payant, et puis la société a fermé. Ensuite, j'ai démarré ma propre entreprise, et elle s'est mise à prendre de l'essor, mais le marché s'est tari. Mon entreprise suivante a fait des merveilles, mais mon partenaire m'a quitté, et tout le reste.» Ne vous y trompez pas, c'est votre plan financier intérieur qui est à l'œuvre.

Êtes-vous réglé sur un revenu élevé, un revenu moyen ou un revenu faible? Saviez-vous que beaucoup d'entre nous sont programmés en fonction de sommes d'argent précises? Êtes-vous réglé sur un revenu annuel de 20 000 $ à 30 000 $? De 40 000 $ à 60 000 $? De 70 000 $ à 100 000 $? De 150 000 $ à 200 000 $? De 250 000 $ ou plus?

Il y a quelques années, un homme exceptionnellement bien habillé se trouvait dans l'auditoire lors d'un de mes séminaires de deux heures en soirée. À la fin du séminaire, il est venu vers moi et m'a demandé si le cours Millionaire Mind de trois jours pourrait lui venir en aide, compte tenu du fait qu'il gagnait déjà 500 000 $ par année. Je lui ai demandé depuis combien de temps il avait ce type de revenu. Il m'a répondu: «De manière continue, depuis environ sept ans maintenant.»

C'était tout ce que j'avais besoin de savoir. Je lui ai demandé pourquoi il ne gagnait pas deux millions de dollars par année. Je lui ai dit que le programme était destiné aux gens qui souhaitaient exploiter *pleinement leur potentiel financier* et lui ai demandé de réfléchir à la raison pour laquelle il était resté «pris» à un demi-million. Il a alors décidé d'assister au programme.

J'ai reçu un courriel de lui un an plus tard, dans lequel il me disait: «Le programme était incroyable, mais j'ai commis une erreur. J'ai réglé de nouveau mon plan financier intérieur sur deux millions de dollars par année, comme nous en avions parlé. J'y suis déjà, alors j'assiste de nouveau au cours pour en venir à gagner dix millions de dollars par année.»

Là où je veux en venir, c'est que les sommes ne comptent pas en soi. Ce qui importe, c'est si vous exploitez pleinement votre potentiel financier. Il se peut que beaucoup d'entre vous se demandent pourquoi diable quelqu'un aurait besoin d'autant d'argent. Premièrement, cette question ne favorise pas beaucoup vos chances de prospérer et indique clairement la nécessité pour vous de réviser votre plan financier intérieur. Deuxièmement, la raison principale pour laquelle l'homme souhaitait gagner autant d'argent, c'était pour soutenir le plus possible financièrement un organisme caritatif qui œuvre auprès des victimes du SIDA en Afrique. Cela démontre bien qu'on a tort de croire que les riches sont « avares » !

Continuons. Êtes-vous programmé pour économiser de l'argent ou pour dépenser de l'argent ? Êtes-vous programmé pour bien gérer votre argent ou pour mal gérer votre argent ?

Êtes-vous programmé pour choisir des investissements lucratifs ou pour choisir des investissements qui ne rapportent rien ? Il se pourrait que vous vous demandiez : « En quoi le fait de m'enrichir ou non à la bourse ou dans l'immobilier s'inscrit-il dans le cadre de mon plan financier intérieur ? » La réponse est simple. Qui choisit les actions ou les propriétés ? C'est vous. Qui choisit le moment de les acheter ? C'est vous. Qui choisit le moment de les vendre ? C'est vous. J'imagine que vous avez donc un rôle à jouer dans cette équation.

Je connais quelqu'un à San Diego du nom de Larry. C'est un véritable aimant à dollars : son plan financier intérieur est vraiment réglé sur *un revenu élevé*. Mais il semble donner le baiser de la mort quand il s'agit d'investir son argent. Tout ce qu'il achète tombe comme une pierre. (Me croiriez-vous si je vous disais que son père avait exactement le même problème ? Rien d'étonnant !) Je reste en étroite communication avec Larry, afin de pouvoir solliciter ses conseils en investissement. Ils sont toujours parfaits... parfaitement erronés ! Peu importe ce que Larry me suggère, je fais tout le contraire. J'adore Larry !

Par contre, vous remarquerez que d'autres personnes semblent avoir ce que nous avons appelé précédemment la touche magique. Tout ce qu'elles touchent se change en or. Les deux syndromes, tant celui de la touche magique que celui du baiser de la mort, ne sont rien de plus que les manifestations de plans financiers intérieurs.

Ici encore, votre plan financier intérieur détermine ce que sera votre vie financière, et même votre vie personnelle. Si vous êtes une femme dont le plan financier intérieur est réglé au plus bas, vous risquez d'attirer un homme dont le plan financier intérieur est aussi réglé au plus bas, ce qui vous permettra de rester dans votre «zone de sécurité» financière et de valider votre plan financier intérieur. Si vous êtes un homme dont le plan financier intérieur est réglé au plus bas, vous risquez d'attirer une femme dépensière qui gaspillera tout votre argent, ce qui vous permettra de rester dans votre «zone de sécurité» financière et de valider votre plan financier intérieur.

La plupart des gens croient que la réussite de leur entreprise repose principalement sur leurs compétences et leurs connaissances en affaires ou du moins sur leur sens du moment opportun par rapport au marché. Je déteste avoir à vous le dire, mais tout cela n'est qu'un leurre. Vos chances de prospérer en le croyant sont nulles !

Vous ne devez la réussite de votre entreprise qu'à votre plan financier intérieur. Vous validerez toujours ce plan. Si votre plan est réglé sur la nécessité de gagner 100 000 $ par année, c'est exactement ce que votre entreprise rapportera, soit suffisamment pour vous permettre de gagner 100 000 $ par année.

Si vous êtes vendeur et que votre plan financier intérieur est réglé sur un revenu annuel de 50 000 $ et que par hasard vous faites une vente énorme qui vous fait atteindre les 90 000 $ cette année-là, soit que la vente excédentaire s'annulera, soit que, si vos ventes en viennent à totaliser 90 000 $, vous devrez vous préparer à connaître une année lamentable par la suite, afin de compenser et de vous ramener au niveau de votre plan financier intérieur.

Par contre, si vous êtes réglé sur un revenu de 50 000 $ et que vous avez connu quelques années de vaches maigres, ne vous inquiétez pas, vous récupérerez tout votre argent. Forcément, la loi inconsciente de l'esprit et de l'argent vous y obligera. Quelqu'un qui se trouve dans cette situation traversera probablement la rue, se fera heurter par un autobus et finira avec une prime d'assurance annuelle de 50 000 $ exactement! C'est simple: d'une manière ou d'une autre, si vous êtes réglé sur 50 000 $ par année, c'est ce que vous obtiendrez en fin de compte.

Ici encore, comment savoir sur quoi est réglé votre plan financier intérieur? Un des moyens les plus évidents consiste à vérifier vos résultats. Vérifiez votre compte en banque. Vérifiez votre revenu. Vérifiez votre valeur nette. Vérifiez votre réussite en matière d'investissements. Vérifiez votre réussite en affaires. Vérifiez si vous êtes dépensier ou économe. Vérifiez si vous gérez bien votre argent. Vérifiez si vous êtes conséquent ou inconséquent. Vérifiez dans quelle mesure vous travaillez dur pour gagner votre argent. Vérifiez vos relations à la lumière de l'argent.

Est-ce difficile ou facile pour vous de faire de l'argent? Possédez-vous une entreprise ou avez-vous un emploi? Gardez-vous une entreprise ou un emploi pendant longtemps ou changez-vous souvent?

Votre plan financier intérieur est semblable à un thermostat. Si la température de la pièce est de vingt-deux degrés, il y a des chances pour que le thermostat soit réglé à vingt-deux. C'est ici que les choses deviennent intéressantes. Est-ce possible que, parce que la fenêtre est ouverte et qu'il fait froid dehors, la température de la pièce puisse descendre jusqu'à dix-huit? Bien entendu, mais que se produira-t-il finalement? Le thermostat se mettra à fonctionner et ramènera la température de la pièce à vingt-deux.

De même, est-il possible que, parce que la fenêtre est ouverte et qu'il fait chaud à l'extérieur, la température de la pièce grimpe à vingt-cinq degrés? Bien sûr, mais que se produira-t-il en fin de compte? Le thermostat se mettra à fonctionner et ramènera la température de la pièce à vingt-deux.

Le seul moyen de changer la température de la pièce de manière permanente consiste à régler le thermostat de nouveau. De la même manière, le seul moyen de changer votre degré de réussite financière « de manière permanente » consiste à régler de nouveau votre thermostat financier, à savoir votre plan financier intérieur.

PRINCIPE D'ENRICHISSEMENT :
Le seul moyen de changer la température de la pièce de manière permanente consiste à régler le thermostat de nouveau. De la même manière, le seul moyen de changer votre degré de réussite financière « de manière permanente » consiste à régler de nouveau votre thermostat financier.

Vous pouvez essayer n'importe quoi d'autre. Vous pouvez accroître votre connaissance des affaires, du marketing, de la vente, de la négociation et de la gestion. Vous pouvez vous spécialiser dans l'immobilier ou la bourse. Ce sont tous des « outils » extraordinaires. Mais en bout de ligne, sans un « coffre à outils » intérieur suffisamment grand et solide pour vous permettre de générer et de conserver beaucoup d'argent, tous les outils du monde seront inutiles entre vos mains.

Ici encore, ce n'est qu'une question d'arithmétique : « Votre revenu ne pourra croître que dans la mesure où vous croîtrez personnellement. »

Heureusement ou malheureusement, votre plan financier et de réussite intérieur aura tendance à vous habiter toute votre vie, à moins que vous ne l'identifiiez et le changiez. Et c'est précisément ce que nous continuerons de faire dans la Deuxième partie, et même plus en profondeur durant le Millionaire Mind Intensive Seminar.

Rappelez-vous que tout changement commence par une prise de conscience. Observez-vous vous-même, éveillez votre conscience, remarquez vos pensées, vos craintes, vos croyances, vos habitudes, vos actions, et même vos inactions. Examinez-vous à la loupe. Étudiez-vous.

La plupart d'entre nous croient qu'ils vivent leur vie en faisant des choix. Mais ce n'est généralement pas le cas ! Même si nous sommes vraiment éclairés, il se peut que nous ne fassions au cours d'une journée type que quelques rares choix qui reflètent la conscience que nous avons de nous-mêmes en ce moment. Mais nous sommes en grande partie comme des robots, réglés sur la fonction automatique, contrôlés par notre conditionnement passé et nos vieilles habitudes. Voilà où la conscience entre en ligne de compte. Votre conscience observe vos pensées et vos actions, afin que vous puissiez vivre en faisant de vrais choix, plutôt que de vous laisser contrôler par votre programmation passée.

PRINCIPE D'ENRICHISSEMENT :
Votre conscience observe vos pensées et vos actions, afin que vous puissiez vivre en faisant de vrais choix, plutôt que de vous laisser contrôler par votre programmation passée.

En aiguisant sa conscience, on peut vivre selon la personne qu'on est aujourd'hui, plutôt que celle qu'on était hier. Ainsi, on peut bien réagir aux situations, en exploitant le mieux possible nos compétences et nos talents, plutôt que de mal réagir aux événements, lorsque nous sommes sous l'emprise des peurs et des insécurités du passé.

Avec une conscience aiguisée, on peut voir sa programmation pour ce qu'elle est : simplement l'enregistrement de renseignements qu'on a reçus et qu'on a crus dans le passé, quand on était trop jeune pour faire la part des choses. On peut voir que ce conditionnement ne représente pas la personne qu'on est, mais celle qu'on a appris à être. On peut voir qu'on n'est pas «l'enregistrement», mais «l'enregistreur». On n'est pas «le contenu» du verre, mais «le verre» en soi. On n'est pas le software, mais le hardware.

Oui, la génétique y est peut-être pour quelque chose, oui, les aspects spirituels peuvent y jouer un rôle, mais ce qui vous façonne vient en grande partie des croyances et des renseignements reçus d'autres personnes. Comme je vous l'ai suggéré antérieurement, les croyances ne sont pas nécessairement vraies ou fausses, bonnes ou mauvaises, mais quelle que soit leur validité, elles constituent des opinions qui sont transmises et retransmises de génération en génération, jusqu'à ce qu'elles vous parviennent. Le sachant, vous pouvez choisir en pleine connaissance de cause de laisser aller toute croyance ou toute manière d'être qui ne favorise pas votre enrichissement, pour la remplacer par une autre dont c'est le cas.

Dans nos cours, nous enseignons ceci : «Aucune pensée n'habite votre tête sans payer son loyer.» Chaque pensée que vous avez sera soit un investissement, soit un coût. Soit qu'elle vous poussera vers le bonheur et la réussite, soit qu'elle vous en éloignera. Soit qu'elle attisera votre flamme, soit qu'elle l'éteindra. Voilà pourquoi il est impérieux que vous choisissiez vos pensées et vos croyances avec sagesse.

Prenez conscience du fait que vos pensées et vos croyances ne sont pas vous, et qu'elles ne sont pas nécessairement attachées à vous. Aussi précieuses que vous les jugiez-vous, elles n'ont pas plus d'importance et de signification que celle que vous leur accordez. *Rien n'a d'autre signification que celle qu'on lui accorde.*

Vous rappelez-vous qu'au début du présent livre je vous ai suggéré de ne rien croire de ce que je vous disais ? Eh bien, si vous souhaitez vraiment prendre votre envol dans la vie, ne croyez rien de ce que *vous* dites. Et si vous voulez être éclairé instantanément, *ne croyez pas une seule pensée que vous entretenez.*

Entre-temps, si vous êtes comme la plupart des gens, vous croirez quelque chose, alors autant adopter des croyances qui vous avantageront, des croyances riches. N'oubliez pas que les pensées mènent aux sentiments, qui mènent aux actions, qui mènent aux résultats. Vous pouvez choisir de penser et d'agir comme les riches le font, et par conséquent de créer les résultats que les riches créent.

La question est de savoir : « Comment les riches pensent-ils et agissent-ils ? » Voilà précisément ce que vous découvrirez dans la Deuxième partie du présent livre.

Si vous souhaitez changer votre vie financière pour toujours, poursuivez votre lecture !

• **LA DÉCLARATION :** Mettez la main sur votre cœur et dites…
  « J'observe mes pensées et n'entretiens que celles qui me dynamisent. »

  Touchez-vous la tête et dites…
  « J'ai l'esprit millionnaire. »

L'HISTOIRE DE RÉUSSITE DE RHONDA ET DE BOB BAINES

Expéditeurs : Rhonda et Bob Baines
Destinataire : T. Harv Eker
Objet : Nous nous sentons libres !

Nous avons assisté au Millionaire Mind Intensive Seminar sans trop savoir à quoi nous attendre. Les résultats nous ont beaucoup impressionnés. Avant d'assister au séminaire, nous avions de gros problèmes financiers. Nous ne semblions jamais prendre le dessus. Nous ne cessions de nous endetter, sans savoir pourquoi. Nous payions nos soldes de cartes de crédit (habituellement grâce à une prime professionnelle importante), seulement pour nous retrouver de nouveau dans les dettes en moins de six mois. Peu importe combien d'argent nous faisions. Nous étions très frustrés et nous nous querellions souvent.

Puis, nous avons assisté au Millionaire Mind Intensive Seminar. En écoutant Harv, mon mari et moi n'arrêtions pas de nous donner des coups de coude en se souriant l'un l'autre. Nous recevions tellement de renseignements qui nous faisaient dire : «C'est pas étonnant», «Oh, c'est donc pour cette raison», «Tout a du sens maintenant.» Nous étions si enthousiastes.

Nous avons découvert combien nous pensons différemment l'un de l'autre en ce qui concerne l'argent. Nous avons vu qu'il aime «dépenser», alors que j'aime «éviter de dépenser». Quelle horrible combinaison! Après avoir reçu l'information, nous avons arrêté de nous blâmer l'un l'autre et avons commencé à nous comprendre, et nous en sommes venus à mieux nous apprécier et à nous aimer davantage.

Presque une année s'est écoulée depuis et nous ne nous querellons toujours pas au sujet de l'argent, nous nous contentons de discuter de ce que nous avons appris. Nous ne sommes plus endettés; en fait, nous avons des économies, pour la première fois de toute notre relation, qui dure depuis seize ans… ouais! Non seulement nous avons maintenant de l'argent pour notre avenir, mais encore nous avons assez d'argent pour assumer nos dépenses de tous les jours, pour nous amuser, nous instruire, des économies à long terme pour une maison, et nous avons même les moyens de faire des dons. C'est formidable de savoir que nous pouvons nous servir de notre argent dans ces domaines-là, sans nous sentir coupables parce que nous l'avons alloué et consacré à ces choses.

Nous nous sentons libres.

Merci beaucoup, Harv.

DEUXIÈME PARTIE

LES DOSSIERS FINANCIERS DE VOTRE ESPRIT

Dix-sept façons dont les riches pensent et agissent différemment des gens pauvres et de la classe moyenne

❧

D ans la Première partie, nous avons abordé le Processus de manifestation. Vous vous souviendrez que les pensées mènent aux sentiments, que les sentiments mènent aux actions, et que les actions mènent aux résultats. Tout commence par vos pensées, qui sont créées par votre esprit. N'est-il pas étonnant que, même si notre esprit constitue en grande partie la base de notre vie, la plupart d'entre nous connaissent si mal le fonctionnement de ce puissant appareil ? Alors, commençons par examiner dans les grandes lignes la manière dont l'esprit fonctionne. Métaphoriquement, l'esprit n'est rien de plus qu'un gigantesque classeur, semblable à ceux qu'on trouve dans un bureau ou une maison. Tous les renseignements qui y entrent sont étiquetés et classés dans des dossiers, afin de pouvoir y accéder facilement pour survivre. Avez-vous remarqué ce que j'ai écrit ? Je n'ai pas écrit *prospérer*, mais *survivre*.

En toute situation, vous consultez les dossiers de votre esprit pour déterminer la manière de réagir aux situations. Disons que, par exemple, vous considérez la possibilité de saisir une occasion financière. Vous consultez automatiquement votre dossier étiqueté *argent* et décidez de la chose à faire après l'avoir consulté.

Les seules pensées que vous pouvez entretenir au sujet de l'argent sont celles que vous aurez classées dans votre dossier financier. C'est tout ce que vous pourrez penser, parce que c'est tout ce qui se trouve dans cette catégorie de votre esprit.

Vous prendrez votre décision en fonction de ce que vous croirez être logique, sensé et convenable pour vous à ce moment-là. Vous ferez ce que vous jugerez être le *bon* choix. L'ennui, c'est qu'il se peut que votre bon choix ne soit pas un choix *réussi*. En fait, ce qui a beaucoup de sens pour vous peut produire constamment des résultats parfaitement médiocres.

Disons, par exemple, que ma femme est au centre commercial. Ce ne devrait pas être trop difficile pour moi à imaginer. Elle voit un certain sac à main vert. Il fait l'objet d'un rabais de 25 p. cent. Elle va immédiatement consulter les dossiers de son esprit en se posant la question : « Devrais-je acheter ce sac à main ? » En moins de deux, les dossiers de son esprit lui répondent : « Tu cherches un sac à main vert pour aller avec les chaussures vertes que tu as achetées la semaine dernière. En plus, c'est exactement le format qu'il te faut. Achète-le ! » En se rendant à la caisse, son esprit est non seulement enthousiaste à l'idée de posséder ce beau sac à main, mais encore son visage rayonne de fierté parce qu'elle l'a payé 25 p. cent de moins.

Dans son esprit, cet achat est tout à fait logique. Elle le veut, elle croit en avoir besoin, et c'est « toute une aubaine ». Toutefois, à aucun moment son esprit n'a soulevé l'idée suivante : « C'est vrai que ce sac à main est vraiment beau, et c'est vrai qu'il s'agit d'une aubaine formidable, mais en ce moment je suis endettée de trois mille dollars, alors je devrais plutôt m'abstenir. »

Ce renseignement ne lui est pas venu à l'esprit parce qu'il ne se trouve dans aucun de ses dossiers intérieurs. Le dossier « Si tu es endettée, n'achète plus » n'a jamais été classé en elle et n'existe donc pas pour elle, ce qui signifie que ce choix en particulier n'est pas une option pour elle.

Vous me suivez ? Si vous avez dans votre classeur des dossiers qui ne favorisent pas votre réussite financière, ce seront les seuls choix que vous pourrez faire. Ils se feront naturellement, automatiquement, et vous sembleront logiques. Mais au bout du compte, ils entraîneront encore l'échec financier ou la médiocrité dans le meilleur des cas. L'inverse est également vrai, si vous avez des dossiers dans votre esprit qui favorisent votre réussite financière, vous prendrez naturellement et automatiquement des décisions qui généreront la réussite. Vous n'aurez pas à y réfléchir. Votre mode de pensée normal aboutira à la réussite, un peu comme c'est le cas de Donald Trump. Son mode de pensée normal l'amène à s'enrichir.

En matière d'argent, ne serait-ce pas incroyable si vous en veniez à penser comme pensent les riches ? J'espère vraiment que vous m'avez répondu : « Absolument ! », ou quelque chose de ce genre-là.

Eh bien, c'est possible !

Comme nous l'avons mentionné précédemment, tout changement commence par une prise de conscience, c'est-à-dire que la première chose à faire pour penser comme pensent les riches consiste à savoir comment les riches pensent.

Les riches pensent très différemment des gens pauvres et de la classe moyenne. Ils pensent différemment au sujet de l'argent, de la richesse, d'eux-mêmes, des autres, et de presque toutes les autres dimensions de la vie. Dans la Deuxième partie, nous allons examiner certaines de ces différences et, dans le cadre de votre reconditionnement, installer dix-sept « dossiers financiers » de rechange dans votre esprit. Avec de nouveaux dossiers se présentent de nouveaux choix. Vous pouvez alors vous prendre en défaut lorsque vous pensez comme pensent les gens pauvres et de la classe moyenne, et vous recentrer consciemment sur le mode de pensée des riches. Rappelez-vous que vous pouvez *choisir* de penser de manière à favoriser votre bonheur et votre réussite plutôt que le contraire.

PRINCIPE D'ENRICHISSEMENT :
Vous pouvez *choisir* de penser de manière à favoriser
votre bonheur et votre réussite plutôt que
le contraire.

Quelques avertissements pour commencer. Premièrement, je ne veux aucunement dénigrer les pauvres ou sembler manquer de compassion pour leur situation. Je ne crois pas que les riches soient *meilleurs* que les pauvres. Ils sont simplement plus riches. En même temps, je tiens à m'assurer que vous comprenez le message, alors je vais rendre ce qui distingue les riches des pauvres le plus extrême possible.

Deuxièmement, quand je parle des gens riches, pauvres et de la classe moyenne, je fais allusion à leur *mentalité* : la différence dont les gens pensent et agissent plutôt que l'argent qu'ils ont ou la valeur que la société leur accorde.

Troisièmement, je ferai des généralisations « énormes ». Je comprends que les riches et les pauvres ne correspondent pas tous à la description que j'en fais. Ici encore, mon objectif consiste à veiller à ce que vous saisissiez bien chaque principe et que vous le mettiez en pratique.

Quatrièmement, je ne ferai pas toujours allusion à la classe moyenne de manière spécifique, car les gens de cette classe ont habituellement en eux un mélange de mentalité des riches et de mentalité des pauvres. Ici encore, mon objectif est de vous faire découvrir l'endroit où vous vous trouvez sur l'échelle et de vous amener à penser davantage comme les riches, si vous souhaitez vous enrichir davantage.

Cinquièmement, il se peut que plusieurs des principes exposés dans la présente section semblent porter davantage sur les habitudes et les actions que sur les modes de pensée. Mais rappelez-vous que nos actions proviennent de nos sentiments, qui proviennent de nos pensées. Par conséquent, chaque action riche est précédée par un mode de pensée riche.

Pour terminer, je vais vous demander d'être disposé à renoncer au désir d'avoir *raison* ! Ce que je veux dire, c'est d'être disposé à renoncer au besoin de faire les choses à *votre* façon. Pourquoi ? Parce que votre façon vous a procuré exactement ce que vous avez actuellement. Si vous voulez plus de la même chose, continuez de faire les choses comme vous l'entendez. Cependant, si vous n'avez pas encore fait fortune, peut-être l'heure est-elle venue pour vous de considérer une façon de faire différente, surtout une qui provient de quelqu'un qui est vraiment, vraiment riche et qui en a amené des milliers d'autres à cheminer vers la richesse. À vous de choisir.

Les concepts que vous êtes sur le point d'apprendre sont simples, mais profonds. Ils produisent des changements réels pour des gens réels dans le monde réel. Comment est-ce que je le sais ? Dans ma société, Peak Potentials Training, nous recevons des milliers de lettres et de courriels chaque année dans lesquels on nous dit comment chaque dossier financier a transformé la vie des gens. Si vous les apprenez et les employez, je suis certain qu'ils transformeront aussi votre vie.

À la fin de chaque section, vous trouverez une déclaration et un geste grâce auxquels vous «ancrerez» le dossier dans votre corps.

Vous trouverez également des actions à entreprendre qui vous aideront à adopter le dossier financier concerné. Il est essentiel que vous mettiez chaque dossier en action dans votre vie aussi rapidement que possible, afin que la connaissance puisse passer à un niveau physique cellulaire, et créer un changement durable et permanent.

La plupart des gens comprennent que nous sommes tous esclaves de nos habitudes, mais ce qu'ils ne réalisent pas, c'est qu'il existe en fait deux types d'habitudes : les habitudes du *faire* et les habitudes du *ne pas faire*. Tout ce que vous *ne faites pas* actuellement, vous avez *l'habitude* de ne pas le faire. Le seul moyen de changer ces habitudes du ne pas faire en habitudes du faire consiste à les *mettre en pratique.* La lecture vous y aidera, mais c'est bien différent quand on passe de la lecture à la mise en pratique. Si vous souhaitez sérieusement réussir, prouvez-le, et mettez en pratique les actions qui vous sont suggérées ici.

Dossier financier intérieur n° 1
LES RICHES CROIENT : « JE CRÉE MA VIE. »
LES PAUVRES CROIENT : « JE SUBIS MA VIE. »

Si vous voulez faire fortune, il est primordial que vous croyiez être aux commandes de votre vie, surtout de votre vie financière. Si vous ne le croyez pas, alors vous devez être persuadé que vous exercez peu de contrôle sinon aucun contrôle sur votre vie, et donc peu de contrôle sinon aucun contrôle sur votre réussite financière. Voilà qui n'est pas une attitude de riche.

Avez-vous déjà remarqué que ce sont habituellement les pauvres qui dépensent une fortune à la loterie ? Ils croient en fait que la fortune leur viendra de quelqu'un qui sortira leur nom d'un chapeau. Ils passent leurs samedis soirs rivés à la télé, à regarder tout enthousiastes le tirage, pour voir si la richesse va leur « arriver » cette fameuse semaine-là.

Bien entendu, tout le monde souhaite gagner à la loterie, et même les riches y jouent de temps à autre pour le plaisir. Mais premièrement ils ne dépensent pas tout leur chèque de paye en billets, et deuxièmement gagner à la loterie ne constitue pas leur « stratégie » principale pour faire fortune.

Vous devez croire que c'est vous qui créez votre réussite, que c'est vous qui créez votre médiocrité, et que c'est vous qui créez vos difficultés en matière d'argent et de réussite. Consciemment ou inconsciemment, c'est tout de même vous.

Au lieu d'assumer la responsabilité de ce qui se passe dans leur vie, les pauvres jouent à la victime. La victime a souvent pour pensée prédominante : « pauvre de moi ». En vertu de la loi de l'intention, c'est donc littéralement ce que les victimes obtiennent : ils obtiennent d'être « pauvres ».

Vous remarquerez que j'ai dit qu'ils *jouent à* la victime. Je n'ai pas dit qu'ils sont des *victimes*. Je ne crois pas que tout le monde soit victime. Je crois que les gens jouent la victime parce qu'ils croient que cela leur apporte quelque chose. Nous aborderons ce sujet plus en détail sous peu.

Cela dit, comment savoir quand les gens jouent les victimes ? Ils en donnent trois indices évidents.

Mais avant d'aborder ces indices, je tiens à vous faire réaliser que je comprends pleinement qu'aucune de ces façons de faire a quoi que ce soit à voir avec la lecture du présent livre. Mais il se peut, après tout, que vous connaissiez quelqu'un qu'elles concernent. Et il se peut, après tout, que vous connaissiez cette personne intimement ! D'une manière ou d'une autre, je vous suggère de prêter une grande attention à la présente partie.

PREMIER INDICE DE LA VICTIMISATION : LE BLÂME

Quand il s'agit d'expliquer pourquoi ils ne sont pas riches, la plupart des victimes sont passées maîtres au « jeu du blâme ». Ce jeu a pour but de voir combien de gens et de circonstances on peut pointer du doigt sans jamais s'examiner soi-même. C'est agréable à tout le moins pour les victimes. Malheureusement, cela n'a rien de vraiment agréable pour tous ceux qui ont la malchance de se trouver dans leur entourage. C'est que ceux qui côtoient intimement les victimes deviennent facilement des cibles.

Les victimes blâment l'économie, le gouvernement, la bourse, leur courtier, leur type d'entreprise ; elles blâment leur employeur, leurs employés, leur gérant, leur siège social, ceux de leurs échelons supérieurs et ceux de leurs échelons inférieurs ; elles blâment le service à la clientèle, le service des expéditions, leur partenaire, leur conjoint, Dieu, et bien entendu elles blâment toujours leurs parents. C'est toujours quelqu'un ou quelque chose d'autre qui est à blâmer. Le problème, c'est tout et tout le monde, sauf elles.

DEUXIÈME INDICE DE VICTIMISATION : LA JUSTIFICATION

Si les victimes ne blâment pas, vous les trouverez souvent en train de justifier ou de rationaliser leur situation en disant quelque chose comme : «L'argent ne compte pas vraiment.» Mais permettez-moi de vous poser une question : «Si vous disiez que votre mari ou votre femme, ou votre petit ami ou votre petite amie, ou votre conjoint ou votre ami, n'avait pas d'importance, est-ce qu'il ou elle resterait dans votre entourage longtemps ? Je ne le crois pas, c'est pareil pour l'argent !

Durant mes séminaires, il y a toujours des participants qui viennent me voir pour me dire : «Vous savez, Harv, l'argent n'est pas vraiment si important que ça.» Je les regarde alors droit dans les yeux et leur réponds : «Vous êtes fauché, n'est-ce pas ?» Ils me répondent alors avec humilité, en se regardant habituellement les pieds, quelque chose comme ceci : «Eh bien, actuellement, j'ai quelques défis financiers à relever, mais…» Je les interromps, en leur disant : «Non, ce n'est pas seulement en ce moment, c'est tout le temps ; vous avez toujours été fauché ou proche de l'être, vrai ou faux ?» À ce stade-là, ils se contentent généralement de hocher la tête en signe d'assentiment et retournent à leur siège avec la mine défaite, prêts à écouter et à apprendre, en réalisant finalement l'effet désastreux que cette croyance a eu sur leur vie.

Bien entendu, ils sont fauchés. Auraient-ils une moto si cela n'avait pas d'importance pour eux ? Bien sûr que non. Auraient-ils un perroquet si cela n'avait pas d'importance pour eux ? Bien sûr que non. De même, s'ils ne pensaient pas que l'argent est important, ils n'en auraient tout simplement pas.

Vous pouvez, en fait, éblouir vos amis par cette perspicacité. Imaginez-vous en pleine conversation avec un ami qui vous dit : « L'argent ne compte pas. » Mettez la main sur votre front et ayez l'air de recevoir un message provenant des cieux, puis exclamez-vous : « Vous êtes fauché ! » À cela, votre ami, en état de choc, vous répondra indubitablement : « Comment le savais-tu ? » Puis, vous présentez la paume de votre main en répondant : « Que veux-tu savoir encore ? Ce sera cinquante dollars, s'il te plaît ! »

Permettez-moi de dire les choses telles qu'elles sont : quiconque dit que l'argent n'a pas d'importance n'en a pas ! Les riches comprennent l'importance de l'argent et la place qu'il occupe dans notre société. Par contre, les pauvres valident leur inaptitude financière en faisant des comparaisons non pertinentes. Ils s'objecteront en disant : « Eh bien, l'argent ne compte pas autant que l'amour. » Mais ne trouvez-vous pas cette comparaison ridicule ? Qu'est-ce qui est plus important, votre bras ou votre jambe ? Peut-être sont-ils *tous les deux* importants.

Écoutez-moi, mes amis : L'argent est extrêmement important dans les domaines dans lesquels il est utile, et sans la moindre importance dans les domaines dans lesquels il n'est pas utile. Or, même si l'amour fait tourner le monde, il ne paie certainement pas la construction d'un hôpital, d'une église ou d'une maison. Il ne nourrit personne non plus.

PRINCIPE D'ENRICHISSEMENT :
L'argent est extrêmement important dans les domaines dans lesquels il est utile, et sans la moindre importance dans les domaines dans lesquels il n'est pas utile.

Toujours pas convaincu ? Essayez de payer vos factures avec de l'amour. Toujours pas certain ? Alors, faites un saut à la banque et tentez d'y déposer un peu d'amour pour voir ce qui se passera. Je vous en épargnerai la peine. La caissière vous regardera comme si vous sortiez de l'asile et criera un seul mot : « *Sécurité !* »

Aucun riche ne croit que l'argent est sans importance. Or, si je n'ai pas su vous persuader et que vous croyiez encore que l'argent est sans importance, alors je n'ai qu'une chose à vous dire : *vous êtes fauché*, et vous le resterez toujours jusqu'à ce que vous retiriez ce dossier nuisible de votre plan financier intérieur.

Troisième indice de victimisation : les plaintes

Vous plaindre est absolument la pire des choses que vous puissiez faire pour votre santé et votre état financier. La pire ! Pourquoi ?

Je crois fermement à la loi universelle selon laquelle « ce sur quoi on se concentre prend de l'ampleur ». Quand on se plaint, sur quoi se concentre-t-on, sur ce qui fonctionne dans sa vie ou sur ce qui ne fonctionne pas ? De toute évidence, on se concentre sur ce qui ne fonctionne pas, et étant donné que ce sur quoi on se concentre prend de l'ampleur, on obtient de plus en plus ce qui ne fonctionne pas.

Beaucoup de gens qui enseignent dans le domaine du perfectionnement personnel parlent de la Loi de l'attraction. Selon elle, « qui se ressemble s'assemble », ce qui signifie que, quand on se plaint, on attire « des emmerdes » dans la vie.

PRINCIPE D'ENRICHISSEMENT :
Quand on se plaint, on devient un véritable
« aimant à emmerdes ».

Avez-vous déjà remarqué que les gens qui se plaignent tout le temps ont une vie difficile ? On dirait que tout ce qui peut mal aller dans leur vie va mal. Ils disent : « Bien sûr que je me plains. Regardez comme ma vie est merdique. » Et maintenant que vous êtes plus avisé, vous pouvez leur expliquer les choses : « Non, c'est *parce que* vous vous plaignez que votre vie est si merdique. Fermez-la… et surtout ne vous tenez pas près de moi!»

Cela nous amène au point suivant. Vous devez veiller à ne pas côtoyer ceux qui se plaignent sans cesse. Si vous ne pouvez absolument pas les éviter, veillez à vous munir d'un parapluie d'acier, sinon les emmerdes qui leur sont destinées vous tomberont aussi dessus!

Je me tiens le plus loin possible des gens qui se plaignent tout le temps, parce que l'énergie négative est infectieuse. Cependant, beaucoup de gens se plaisent à écouter ces geignards. Pourquoi? C'est simple: Ils attendent leur tour! «Vous trouvez que c'est terrible? Attendez que je vous dise ce qui m'est arrivé!»

Voici quelques exercices à faire qui, je vous le promets, changeront votre vie. Je vous mets au défi de ne pas vous plaindre une seule fois au cours des sept prochains jours. Pas seulement à voix haute, mais pas en pensée non plus. Vous devez le faire pendant sept jours entiers. Pourquoi? Parce que pendant les premiers jours, il se peut que quelques «emmerdes» resurgissent encore du passé. Malheureusement, les emmerdes ne voyagent pas à la vitesse de la lumière, vous savez, elles voyagent à la vitesse des emmerdes, alors il se peut qu'elles prennent un bon moment à s'éliminer.

J'ai lancé ce défi à des milliers de gens, et je suis renversé de voir combien de ces gens m'ont dit que ce petit exercice de rien du tout a transformé leur vie. Je vous garantis que vous vous étonnerez de voir combien votre vie sera étonnante lorsque vous cesserez de vous concentrer sur les emmerdes dans votre vie, et que vous cesserez par conséquent de vous les attirer. Si vous avez été de ceux qui se plaignent, mettez de côté la nécessité de vous attirer la réussite pour le moment; pour la plupart des gens, le simple fait de se mettre au «neutre» constituera un grand départ!

Le blâme, la justification et les plaintes sont comme des pilules. Ils ne sont rien de plus que des réducteurs de stress. Ils soulagent le stress que cause l'échec. Pensez-y. Si une personne n'échouait à rien, aurait-elle besoin de rejeter le blâme, de se justifier ou de se plaindre ? La réponse qui s'impose est « non ».

À compter d'aujourd'hui, dès l'instant où vous vous entendrez rejeter le blâme, vous justifier ou vous plaindre de manière désastreuse, arrêtez cela et renoncez-y immédiatement. Rappelez-vous que vous créez votre propre vie et qu'à chaque instant vous vous attirerez la réussite ou les emmerdes. Il est primordial que vous choisissiez vos pensées et vos paroles avec sagesse !

Vous êtes maintenant prêt à entendre un des plus grands secrets du monde. Êtes-vous prêt ? Lisez ceci attentivement : *Une victime vraiment riche, ça n'existe pas !* Avez-vous compris ? Je vais le répéter : Une victime vraiment riche, ça n'existe pas. Par ailleurs, qui écouterait ? « Aïe, aïe, j'ai éraflé mon yacht. » À cela, la plupart des gens répondraient : « On s'en contrefiche ? »

PRINCIPE D'ENRICHISSEMENT :
Une victime vraiment riche, ça n'existe pas.

Entre-temps, être victime a très certainement son lot de récompenses. Qu'est-ce que les gens obtiennent du fait d'être des victimes ? Réponse : de *l'attention*. L'attention est-elle importante ? Et comment ! Sous une forme ou sous une autre, c'est ce pour quoi presque tout le monde vit. Et la raison pour laquelle les gens vivent dans l'espoir d'obtenir de l'attention, c'est qu'ils ont commis une grave erreur. Il s'agit de la même erreur que nous avons presque tous commise. Nous avons confondu attention et amour.

Croyez-moi, il est presque impossible d'être vraiment heureux et de vraiment réussir dans la vie quand on aspire sans cesse à obtenir de l'attention. En effet, si c'est de l'attention qu'on veut, on se trouve à la merci des autres. On en vient habituellement à vouloir «plaire aux gens à tout prix», à mendier leur approbation. La recherche d'attention pose également un problème, parce que les gens ont tendance à faire des choses stupides pour l'obtenir. Il est primordial de «décrocher» l'attention et l'amour, pour un certain nombre de raisons.

Premièrement, vous réussirez mieux dans la vie; deuxièmement, vous serez plus heureux; et troisièmement, vous trouverez le «véritable» amour dans la vie. Dans l'ensemble, lorsque les gens confondent amour et attention, ils ne s'aiment pas l'un l'autre dans le sens véritablement spirituel du mot. Ils s'aiment en grande partie de manière égocentrique, comme dans «j'aime ce que tu fais pour moi». Par conséquent, la relation concerne vraiment soi-même, et non l'autre ou du moins les deux.

En dissociant attention et amour, vous vous libérerez pour aimer quelqu'un d'autre pour ce qu'il *est*, plutôt que pour ce qu'il fait en votre faveur.

Comme je l'ai dit, les victimes riches, ça n'existe pas. Alors, pour rester victimes, ceux qui recherchent l'attention veillent bien à ne jamais devenir riches.

L'heure est venue de décider. On peut être une victime *ou* on peut être riche, mais on ne peut être les deux. Écoutez! Chaque fois, et je dis bien *chaque* fois qu'on rejette le blâme, qu'on se justifie ou qu'on se plaint, *on se tranche la gorge financièrement*. Bien entendu, ce serait agréable d'employer une métaphore plus douce, mais oubliez ça. Cela ne m'intéresse pas en ce moment d'être plus doux ou plus gentil. Ce qui m'intéresse, c'est de vous aider à voir exactement ce que vous vous faites à vous-même! Plus tard, lorsque vous serez devenu riche, nous pourrons être plus doux et plus gentils, qu'en pensez-vous?

Le temps est venu de regagner votre pouvoir et de reconnaître que vous créez tout ce qu'il y a dans votre vie et tout ce qui ne s'y trouve pas. Réalisez que vous créez votre richesse, votre pauvreté, et tout ce qu'il y a entre les deux.

• **DÉCLARATION :** Mettez la main sur votre cœur et dites…
« Je crée avec précision le degré de ma réussite financière ! »

Maintenant, touchez-vous la tête et dites :
« J'ai un esprit millionnaire. »

LES ACTIONS ISSUES DE L'ESPRIT MILLIONNAIRE

1. Chaque fois que vous vous surprenez en train de rejeter le blâme, de vous justifier ou de vous plaindre, passez-vous l'index en travers de la gorge, comme *déclencheur* pour vous rappeler que vous êtes en train de vous trancher la gorge financièrement. Une fois de plus, bien que ce geste puisse sembler un peu ridicule à poser contre vous-même, dites-vous bien qu'il n'est pas plus ridicule que ce que vous vous faites quand vous rejetez le blâme, vous vous justifiez ou vous vous plaignez, et que ce geste en viendra à éliminer ce type d'habitude destructrice.

2. Faites le « bilan ». À la fin de chaque journée, notez une chose qui s'est bien passée et une autre qui ne s'est pas bien passée. Puis, notez la réponse à la question suivante : « Comment ai-je créé chacune de ces situations ? » Si d'autres personnes y ont participé, demandez-vous : « Quelle part ai-je eu dans la création de chacune de ces situations ? » Cet exercice vous permettra de vous responsabiliser par rapport à votre vie, et de vous sensibiliser aux stratégies qui fonctionnent pour vous et à celles qui ne fonctionnent pas.

Prime spéciale : Allez sur le site **www.millionairemind book.com** et cliquez sur « FREE BOOK BONUSES » pour recevoir gratuitement vos « action reminders » (rappels d'actions) de l'esprit millionnaire.

Dossier financier intérieur n° 2
LES RICHES JOUENT AU JEU DE L'ARGENT POUR GAGNER. LES PAUVRES JOUENT AU JEU DE L'ARGENT POUR NE PAS PERDRE.

Les pauvres jouent au jeu de l'argent de manière défensive plutôt qu'offensive. Permettez-moi de vous demander : Si vous deviez pratiquer un sport ou jouer à un jeu de manière strictement défensive, quelles seraient vos chances de gagner à ce jeu ? La plupart des gens seraient d'accord pour dire qu'elles seraient nulles.

Pourtant, c'est exactement la manière dont la plupart des gens jouent au jeu de l'argent. Ils se préoccupent principalement de leur survie et de leur sécurité, plutôt que de faire fortune et de rechercher l'abondance. Ainsi donc, quel est votre but ? Quel objectif poursuivez-vous ? Quelle est votre véritable intention ?

Le but des gens vraiment riches est de nager dans la richesse et l'abondance. Ne pas avoir un peu d'argent, mais beaucoup d'argent. Alors, quel est le grand but des pauvres ? En « avoir assez pour payer les factures… et à temps tiendrait du miracle ! » Encore une fois, permettez-moi de vous rappeler le pouvoir de l'intention. Lorsque votre intention est d'en avoir assez pour payer les factures, voilà exactement combien vous en obtiendrez – juste assez pour payer les factures et pas un centime de plus.

Les gens de la classe moyenne font au moins un pas de plus… c'est dommage qu'il ne s'agisse cependant que d'un bien petit pas. Leur grand objectif de vie est également en fait ce qu'ils préfèrent par-dessus tout. Ils veulent simplement « être à l'aise ». Or, je suis désolé de vous décevoir, mais il existe une énorme différence entre être à l'aise et être riche.

Je dois admettre que je ne l'ai pas toujours su. Mais une des raisons pour lesquelles, selon moi, j'ai le droit d'écrire le présent livre, c'est que j'ai fait l'expérience des trois côtés de la clôture proverbiale. J'ai déjà été raide comme un passe-lacet, à tel point qu'il m'est arrivé de devoir emprunter un dollar pour mettre de l'essence dans ma voiture. Mais permettez-moi de clarifier la question. Premièrement, il ne s'agissait pas de ma voiture. Deuxièmement, le dollar s'est présenté en quatre pièces de vingt-cinq cents. Vous pouvez imaginer combien il peut être embarrassant pour un adulte de payer de l'essence avec quatre pièces de vingt-cinq cents ? Le jeune pompiste m'a regardé comme si j'étais un de ces types qui volent dans les distributeurs automatiques, puis s'est contenté de secouer la tête en riant. J'ignore si vous pouvez vous imaginer la scène, mais c'était très certainement un moment où j'ai touché le fond financièrement, et malheureusement seulement un de ces moments.

Après m'être ressaisi, je suis passé à un niveau où j'étais *à l'aise*. Être à l'aise, c'est bien. Au moins, on va manger dans des restaurants qui ont de l'allure pour faire changement. Mais tout ce que j'arrivais à me payer en général, c'était du poulet. Comprenez-moi bien, il n'y a rien de mal à manger du poulet, si c'est vraiment ce qu'on souhaite manger. Mais souvent, ce n'est pas le cas.

En fait, les gens qui sont simplement à l'aise financièrement choisissent en général ce qu'ils veulent manger en consultant la colonne de droite sur le menu, celle des prix. « Qu'aimeriez-vous manger ce soir, très chère » « Je vais prendre ce plat à 7,95 $. Voyons voir ce que c'est. Surprise, surprise, c'est du poulet », pour la dix-neuvième fois cette semaine !

Quand vous êtes à l'aise, vous n'osez pas permettre à vos yeux de regarder le bas du menu, car si vous le faisiez, il se pourrait que vous voyiez les mots les plus tabous du dictionnaire de la classe moyenne : *prix du marché !* Et même si vous étiez curieux de le savoir, vous ne demanderiez jamais quel en est le prix en fait. Premièrement, parce que vous savez ne pas pouvoir vous le payer. Deuxièmement, parce que c'est absolument embarrassant quand on sait que la personne ne vous croit pas quand elle vous dit que votre plat coûte 49 $, sans les hors-d'œuvre, et que vous lui répondez : « Vous savez quoi, pour une raison que j'ignore, j'ai vraiment envie de poulet ce soir ! »

Je dois dire que, personnellement, une des choses qui me plaisent le plus dans le fait d'être riche, c'est de ne plus avoir à regarder les prix sur le menu. Je mange exactement ce dont j'ai envie, quel qu'en soit le prix. Je peux vous assurer que je n'agissais pas de la sorte quand j'étais *fauché* ou *à l'aise*.

Tout se résume à ceci : Si vous avez pour but d'être à l'aise financièrement, vous risquez de ne jamais devenir riche. Mais si vous avez pour but d'être riche, vous courez la chance de devenir drôlement à l'aise financièrement.

PRINCIPE D'ENRICHISSEMENT :
Si vous avez pour but d'être à l'aise financièrement, vous risquez de ne jamais devenir riche. Mais si vous avez pour but d'être riche, vous courez la chance de devenir drôlement à l'aise financièrement.

Voici un des principes que nous enseignons dans nos programmes : « Si vous visez les étoiles, vous atteindrez au moins la lune. » Les pauvres ne visent pas même le plafond de leur maison, et ils se demandent ensuite pourquoi ils ne prospèrent pas. Eh bien, ils viennent de découvrir pourquoi. On obtient ce qu'on a réellement l'intention d'obtenir. Si on veut devenir riche, on doit en faire son but. Pas seulement d'avoir assez d'argent pour payer les factures, et pas seulement d'en avoir assez pour être à l'aise. Riche veut dire riche !

• **DÉCLARATION :** Mettez la main sur votre cœur et dites…
« Mon but, c'est de devenir millionnaire, et plus encore ! »

Maintenant, touchez-vous la tête et dites :
« J'ai un esprit millionnaire. »

LES ACTIONS ISSUES DE L'ESPRIT MILLIONNAIRE

1. Notez deux objectifs financiers qui démontrent votre intention de générer l'abondance, et non la médiocrité ou la pauvreté. Notez vos objectifs de « personne qui joue pour gagner » en matière de :
   a) Revenu annuel
   b) Valeur nette

   Rendez ces objectifs réalisables, dans un laps de temps réaliste, mais rappelez-vous en même temps de « viser les étoiles ».

2. Allez dans un restaurant chic et commandez un plat au « prix du marché » sans demander combien il vous coûtera. (Si vos moyens sont limités, le partage est acceptable.) P.S. Pas de poulet !

Dossier financier intérieur n° 3
LES RICHES SE SONT ENGAGÉS À ÊTRE RICHES.
LES PAUVRES VEULENT ÊTRE RICHES.

Demandez à la plupart des gens s'ils veulent être riches et ils vous regarderont comme si vous étiez fou. « Bien sûr que je veux être riche » vous répondront-ils. Mais la vérité, c'est que la plupart des gens ne veulent pas vraiment être riches. Pourquoi ? Parce qu'ils ont beaucoup de dossiers financiers intérieurs négatifs dans leur subconscient qui leur disent que quelque chose cloche dans le fait d'être riche.

À notre Millionaire Mind Intensive Seminar, une des questions que nous posons aux gens est la suivante : « Quels sont certains des inconvénients possibles d'être riche ou d'essayer de devenir riche ?»

Voici ce que quelques personnes ont à dire. Voyons si vous pouvez vous identifier à certains de ces propos.

* «Et si je m'enrichissais et que je perdais tout par la suite ? Je serais alors un vrai perdant.»
* «Je ne saurai jamais si les gens m'aiment pour la personne que je suis ou pour mon argent.»
* «Le fisc me réclamera la moitié de mes revenus.»
* «C'est trop de travail.»
* «Je pourrais perdre ma santé à m'y essayer.»
* «Mes amis et ma famille me diront : "Pour qui te prends-tu ?" et me critiqueront.»
* «Tout le monde va venir me quémander de l'argent.»
* «Je pourrais me faire voler.»
* «Mes enfants risquent de se faire enlever.»
* «C'est trop de responsabilités. Je devrai gérer tout cet argent. Je devrai vraiment comprendre les investissements. Je devrai me soucier de stratégies fiscales et de protection des biens, et je devrai engager des comptables et des avocats aux honoraires exorbitants. Berk, quel fardeau !»

Et ainsi de suite…

Comme je l'ai mentionné déjà, chacun de nous a un dossier d'enrichissement dans le classeur que nous appelons l'esprit. Ce dossier renferme nos croyances personnelles, qui inclut en quoi il serait merveilleux d'être riche. Mais pour beaucoup de gens, ce dossier inclut aussi des raisons pour lesquelles il se pourrait qu'être riche ne soit pas si merveilleux. Cela signifie qu'ils ont dans leur esprit des messages conflictuels au sujet de la richesse. Une partie d'eux leur dit joyeusement : «Avoir plus d'argent rendra la vie bien plus agréable.» Mais une autre partie leur crie :

«Oui, oui, mais je vais devoir travailler comme un forcené! Qu'y a-t-il d'agréable dans ça?» Une partie leur dit: «Je pourrai voyager dans le monde entier.» Puis, l'autre partie s'en mêle: «Oui, mais le monde entier viendra te quémander de l'argent.» Ces messages conflictuels peuvent sembler plutôt innocents, mais en réalité ils comptent parmi les raisons principales pour lesquelles la plupart des gens ne deviennent jamais riches.

On peut voir les choses comme ceci. L'univers, autre appellation pour «la puissance supérieure», est comparable à un gigantesque comptoir postal. Il vous livre sans cesse des gens, des événements et des choses. Vous «commandez» ce que vous obtenez en envoyant des messages énergétiques dans l'univers, selon vos croyances prédominantes. Ici encore, selon la Loi de l'attraction, l'univers fera de son mieux pour accéder à vos demandes et vous soutenir. Mais si vous avez des messages conflictuels dans votre dossier, l'univers ne pourra comprendre ce que vous voulez.

Pendant une minute, l'univers vous entend lui dire que vous voulez être riche, alors il se met à vous envoyer des occasions de vous enrichir. Puis, il vous entend lui dire: «Les riches sont avares», alors l'univers se met à vous soutenir dans vos efforts pour ne pas avoir beaucoup d'argent. Mais vous vous mettez à penser: «Le fait d'avoir beaucoup d'argent rend la vie tellement plus agréable», alors le pauvre univers, tout étourdi et confus, se remet à vous envoyer des occasions de faire plus d'argent. Le lendemain, vous ne vous sentez plus inspiré, alors vous vous dites: «L'argent n'est pas si important.» Frustré, l'univers en vient à vous hurler: «Vas-tu finir par te brancher! Je vais te donner ce que tu veux, tu n'as qu'à me dire ce que c'est!»

La raison principale pour laquelle la plupart des gens n'obtiennent pas ce qu'ils veulent, c'est qu'ils ne savent pas ce qu'ils veulent. Les riches savent parfaitement bien qu'ils veulent la fortune. Ils ne tergiversent pas dans leurs désirs. Ils se sont entièrement engagés à faire fortune. Tant que ce sera légal, moral et éthique, ils feront *tout en leur pouvoir* pour s'enrichir. Les riches n'envoient pas de messages conflictuels à l'univers. Les pauvres, eux, le font.

(Soit dit en passant, en lisant ce dernier paragraphe, si une petite voix dans votre tête vous a dit quelque chose voulant que « les riches se préoccupent peu d'agir de manière légale, morale ou éthique », vous faites tout à fait bien de lire le présent livre. Vous êtes sur le point de découvrir en quoi cette façon de voir les choses vous nuit.)

PRINCIPE D'ENRICHISSEMENT :
La raison principale pour laquelle la plupart des gens n'obtiennent pas ce qu'ils veulent, c'est qu'ils ne savent pas ce qu'ils veulent.

Les pauvres ont beaucoup de bonnes raisons de croire que le fait de devenir et d'être riche puisse leur poser un problème. Conséquemment, ils ne sont pas sûrs à cent pour cent de vouloir vraiment être riches. Le message qu'ils envoient à l'univers est confus. Le message qu'ils envoient aux autres est confus. Et pourquoi toute cette confusion ? Parce que le message qu'ils s'envoient à eux-mêmes est confus.

Plus tôt, nous avons abordé le sujet du pouvoir de l'intention. Je sais qu'il se peut que ce soit difficile à croire, mais on obtient toujours ce qu'on veut – ce qu'on veut *inconsciemment*, et non ce qu'on *dit* vouloir. Il se peut qu'on nie cela avec force et qu'on réponde : « C'est fou ! Pourquoi voudrais-je avoir des difficultés ? » Et ma question pour vous est exactement la même : « Je l'ignore. Pourquoi voudriez-vous avoir des difficultés ? »

Si vous voulez en découvrir la raison, je vous invite à assister au Millionaire Mind Intensive Seminar, où vous identifierez votre plan financier intérieur. La réponse vous sautera aux yeux. Pour être franc, si vous ne connaissez pas la richesse que vous dites désirer, vous risquez fort que ce soit, premièrement, parce qu'inconsciemment vous ne souhaitez pas vraiment connaître la richesse ou, deuxièmement, parce que vous n'êtes pas disposé à faire le nécessaire pour la créer.

Examinons cela de plus près. Il existe en réalité trois niveaux de soi-disant vouloir. Le premier amène à se dire : « Je *veux* être riche. » Cela revient à dire : « Je le prendrai si ça m'est servi sur un plateau d'argent. » Le seul fait de vouloir ne sert à rien. Avez-vous remarqué que le vouloir ne conduit pas nécessairement à l'« avoir » ? Vous remarquerez également que le vouloir sans l'avoir conduit à vouloir davantage. Le vouloir devient habituel et conduit uniquement à lui-même, créant ainsi un cercle parfait qui conduit exactement nulle part. La richesse ne découle pas du simple fait de la vouloir. Comment savoir que cela est vrai ? Par une simple confrontation avec la réalité : des milliards de personnes *veulent* être riches, mais relativement peu le sont.

Le deuxième niveau de vouloir amène à se dire : « Je *choisis* d'être riche. » Cela nécessite qu'on décide de devenir riche. Le choix engage une énergie beaucoup plus grande et va de pair avec le fait d'être responsable de créer votre réalité. Le mot *décision* vient du mot latin *decidere*, qui signifie « tuer toute alternative ». Le choix est meilleur, mais n'est pas ce qu'il y a de mieux.

Le troisième niveau de vouloir amène à se dire : « Je *m'engage* à être riche. » Le verbe *engager* se définit par « le fait de se dévouer corps et âme ». Cela signifie de ne retenir absolument rien ; de donner cent pour cent de tout ce qu'on a pour faire fortune. Cela signifie être prêt à faire le nécessaire pendant le temps qu'il faudra. Voilà la façon de faire du guerrier. Il n'y a pas d'excuses, pas de si, pas de mais, pas de peut-être qui tiennent – et l'échec n'est pas une option. La façon de faire du guerrier est simple : « Je serai riche, ou je mourrai en essayant de le devenir. »

«Je m'engage à être riche.» Essayez de vous le répéter… Qu'est-ce que cela suscite en vous ? Pour certains, cette affirmation est dynamisante. Pour d'autres, elle est intimidante.

La plupart des gens ne s'engagent jamais vraiment à être riches. Si vous leur demandiez : «Mettriez-vous votre main au feu que dans dix ans vous serez riche ?» la plupart vous répondraient : «Absolument pas !» Voilà la différence entre les riches et les pauvres. C'est précisément parce que les gens ne s'engagent pas véritablement à être riches qu'ils ne le sont pas et ne le seront fort probablement jamais.

Certains me diront peut-être : «Harv, de quoi parlez-vous au juste ? Je me défonce au boulot, j'essaie vraiment fort. Bien sûr que je me suis engagé à être riche.» Et je leur répondrai : «Le fait que vous essayiez ne signifie pas grand-chose. *L'engagement* se définit par le fait de se dévouer corps et âme.» L'expression clé, c'est *corps et âme*. Cela signifie que vous y mettez tout ce que vous avez, et je dis bien tout. La plupart des gens que je connais qui ne réussissent pas bien financièrement limitent ce qu'ils sont prêts à faire, les risques qu'ils sont prêts à prendre et ce qu'ils sont prêts à sacrifier. Bien qu'ils croient être prêts à faire le nécessaire, en les questionnant davantage je découvre toujours qu'ils imposent beaucoup de conditions à ce qu'ils sont prêts à faire et refusent de faire pour réussir !

Je déteste avoir à vous le dire, mais devenir riche n'a rien à voir avec une promenade dans le parc, et quiconque vous dit le contraire en sait drôlement plus que moi ou manque légèrement d'intégrité. L'expérience m'a enseigné que pour devenir riche on doit y mettre concentration, courage, connaissance, expertise, tous ses efforts, une attitude qui ne renonce jamais, et bien sûr une mentalité de riche. On doit également croire en son for intérieur qu'on peut créer la richesse et qu'on la mérite parfaitement. Ici encore, ce que cela signifie, c'est que si l'on ne s'est pas pleinement, totalement et vraiment engagé à créer la richesse, on risque de ne pas connaître la richesse.

PRINCIPE D'ENRICHISSEMENT :
Si l'on ne s'est pas pleinement, totalement et vraiment
engagé à créer la richesse, on risque de ne pas
connaître la richesse.

Êtes-vous prêt à travailler seize heures par jour ? Les riches
le sont. Êtes-vous prêt à travailler sept jours par semaine et
à renoncer à la plupart de vos week-ends ? Les riches le sont.
Êtes-vous prêt à sacrifier le temps que vous pourriez passer
en compagnie de votre famille, de vos amis, et à renoncer à vos
loisirs et à vos passe-temps ? Les riches le sont. Êtes-vous prêt
à miser tout votre temps, toute votre énergie et tout votre capital
de démarrage sans garantie d'un rendement de vos investissements ? Les riches le sont.

Pendant un certain temps, un court laps de temps dans le
meilleur des cas, mais souvent pendant longtemps, les riches
sont prêts et disposés à faire tout ce qui précède. L'êtes-vous ?

Il se peut que vous ayez de la chance et que vous n'ayez
pas à travailler longtemps ou dur, ni à sacrifier quoi que ce soit.
Vous pourrez le souhaiter, mais je n'y compterais pas à votre
place. Ici encore, les riches se sont engagés suffisamment pour
faire le nécessaire. Un point, c'est tout.

Il est intéressant de remarquer, cependant, qu'une fois que
vous vous engagez, l'univers se décarcasse pour vous apporter
son soutien. Une de mes citations préférées provient de l'explo-
rateur W. H. Murray, qui a écrit ce qui suit au cours d'une de ses
premières expéditions dans l'Himalaya :

Tant qu'on ne s'est pas engagé, on a des hésitations,
on risque de revenir sur sa décision, on est toujours
inefficace. Dans tout acte d'initiative (et de création)
réside une vérité élémentaire, dont l'ignorance tue

d'innombrables idées et plans brillants : dès l'instant où on s'engage avec détermination, la providence se met aussi de la partie. Toute une suite d'événements découle de la décision prise, faisant concourir en la faveur de la personne concernée toutes sortes d'impondérables, de rencontres et d'aide matérielle, qu'aucun homme n'aurait pu rêver de voir se présenter à lui.

Autrement dit, l'univers vous viendra en aide, vous guidera, vous soutiendra, et produira même des miracles pour vous. Mais d'abord, vous devez vous engager !

• **DÉCLARATION :** Mettez la main sur votre cœur et dites…
« Je m'engage à être riche ! »

Maintenant, touchez-vous la tête et dites :
« J'ai un esprit millionnaire. »

LES ACTIONS ISSUES DE L'ESPRIT MILLIONNAIRE

1. Écrivez un court paragraphe sur la raison exacte pour laquelle faire fortune est important pour vous. Soyez précis.

2. Réunissez-vous avec un ami ou un membre de votre famille qui est prêt à vous soutenir. Dites à cette personne que vous voulez invoquer le pouvoir de l'engagement dans le but de vous créer une plus grande réussite. Mettez la main sur votre cœur, regardez cette personne dans les yeux, et répétez l'affirmation suivante :
« Moi, _____ [votre nom], je m'engage par les présentes à devenir millionnaire ou plus d'ici le _____ [date]. »
Puis, demandez à votre partenaire de dire : « Je crois en toi. »
Dites-lui ensuite : « Merci. »

P.S. Pour renforcer votre engagement, je vous invite à vous engager directement envers moi sur le site **www.millionaire mindbook.com**, puis à imprimer votre engagement et à l'afficher sur votre mur.

P.P.S. Vérifiez comment vous vous sentez avant et après votre engagement. Si vous éprouvez un sentiment de liberté, vous êtes sur la bonne voie. Si vous éprouvez une certaine crainte, vous êtes sur la bonne voie. Si vous ne vous êtes pas donné la peine de le faire, c'est que vous vous trouvez encore en mode « pas prêt à faire le nécessaire » ou « pas besoin de faire ces trucs bizarres ». D'une façon ou d'une autre, permettez-moi de vous rappeler que *votre* voie vous a conduit exactement là où vous vous trouvez actuellement.

Dossier financier intérieur n° 4
LES RICHES VOIENT LES CHOSES EN GRAND.
LES PAUVRES VOIENT LES CHOSES EN PETIT.

Il est arrivé déjà qu'un formateur enseignant un de nos séminaires voie sa valeur nette passer de 250 000 dollars à 600 millions de dollars en seulement trois ans. Quand on lui a demandé son secret, il a répondu : « Tout a changé dès l'instant où je me suis mis à voir les choses en grand. » Je vous soumets la Loi du revenu, selon laquelle « vous serez rémunéré en proportion directe de la valeur que vous livrez conformément au marché ».

PRINCIPE D'ENRICHISSEMENT :
La Loi du revenu : « *Vous serez rémunéré en proportion directe de la valeur que vous livrez conformément au marché.* »

Le mot clé ici est *valeur*. Il est important de savoir que quatre facteurs déterminent votre valeur sur le marché : *l'offre, la demande, la qualité* et *la quantité*. L'expérience m'a enseigné que le facteur qui présente le plus grand défi pour la plupart des gens est la quantité. Le facteur quantité signifie : Quelle part de votre valeur livrez-vous en réalité au marché ?

Voici une autre façon de dire les choses : Combien de gens servez-vous ou sur qui exercez-vous une incidence en réalité ?

Dans mon entreprise, par exemple, certains formateurs préfèrent enseigner à de petits groupes de vingt personnes à la fois, d'autres se sentent à l'aise devant une salle de cent participants, d'autres encore aiment avoir un auditoire de cinq cents personnes ou de mille à cinq mille personnes, ou plus. Y a-t-il une différence de revenu parmi ces formateurs ? Et comment !

Prenons le domaine du marketing de réseau. Y a-t-il une différence de revenu entre la personne qui compte dix membres dans ses échelons inférieurs et celle qui en compte dix mille ? Je pense bien !

Vers le début du présent livre, j'ai mentionné que j'étais propriétaire d'une chaîne de boutiques d'articles de conditionnement physique. Dès l'instant où je me suis mis à considérer vaguement la possibilité de me lancer dans cette entreprise, mon intention était de posséder cent boutiques prospères et de toucher des dizaines de milliers de gens. Ma concurrente, par contre, qui est arrivée sur le marché six mois après moi, avait pour intention de posséder une boutique prospère. En bout de ligne, elle a bien gagné sa vie. Moi, je suis devenu riche.

Comment souhaitez-vous vivre votre vie ? Comment souhaitez-vous jouer le jeu ? Souhaitez-vous jouer dans les grandes ou dans les petites divisions, dans les premières ou dans les deuxièmes ? Allez-vous jouer grand ou jouer petit ? À vous de choisir.

La plupart des gens choisissent de jouer en voyant petit. Pourquoi ? Premièrement, à cause de la peur. Ils sont morts de peur à l'idée d'échouer et encore plus à l'idée de réussir. Deuxièmement, les gens jouent petit parce qu'ils se sentent petits. Ils se sentent indignes. Ils n'ont pas l'impression d'être assez bons et assez importants pour faire une différence réelle dans la vie des gens.

Mais écoutez ceci : Vous n'êtes pas le seul concerné par votre vie. Elle sert également à contribuer à celle d'autrui. Il s'agit de vivre fidèlement selon votre mission et la raison pour laquelle vous êtes ici-bas en ce moment. Il s'agit d'ajouter votre pièce au puzzle du monde. La plupart des gens sont tellement prisonniers de leur ego que tout tourne autour d'eux, et toujours eux. Mais si vous souhaitez être riche au sens le plus véritable du mot, tout ne peut pas toujours tourner autour de vous. Votre vie doit inclure la nécessité d'ajouter de la valeur à la vie d'autrui.

Un des plus grands inventeurs et philosophes de tous les temps, Buckminster Fuller, a dit : «Notre vie a pour but d'ajouter de la valeur aux gens de cette génération et de celles qui la suivront.»

Nous sommes tous venus au monde avec des talents naturels, des choses que nous réussissons tout naturellement. Ces dons vous ont été confiés pour une raison : les utiliser et les partager avec d'autres gens. Des recherches ont démontré que les gens les plus heureux sont ceux qui emploient leurs talents naturels au maximum. Une partie de votre mission dans la vie doit donc consister à partager vos dons et votre valeur avec autant de gens que possible. Cela veut dire : être prêt à jouer grand.

Connaissez-vous la définition du mot «entrepreneur»? Celle que nous employons dans nos programmes est la suivante : «une personne qui résout des problèmes pour les autres contre rémunération». C'est vrai, l'entrepreneur n'est rien de plus que «quelqu'un qui résout des problèmes».

Alors, je vous demande, préféreriez-vous résoudre les problèmes de plus ou de moins de gens? Si vous répondez par «plus», alors vous devez vous mettre à voir les choses en plus grand et décider de venir en aide à un très grand nombre de personnes – à des milliers, voire même des millions. Le sous-produit est le suivant : plus vous aiderez de gens, plus «riche» vous deviendrez, sur les plans mental, émotionnel, spirituel, et très certainement financier.

Ne vous y trompez pas, chaque personne sur la planète a une mission à accomplir. Si vous vivez actuellement, c'est qu'il y a une raison à cela. Dans son livre intitulé *Jonathan Livingston le goéland*, Richard Bach se fait demander : « Comment saurai-je que j'ai achevé ma mission ? » À cela il répond : « Si tu respires encore, c'est que tu ne l'as pas terminée. »

Ce que j'ai pu constater déjà, c'est que trop de gens ne font pas leur *travail*, n'accomplissent pas leur *devoir*, ou leur *dharma*, comme cela s'appelle en sanskrit. Je vois bien trop de gens jouer beaucoup trop petit, et bien trop de gens permettre à leur ego paralysé par la peur de les dominer. Résultat : trop peu d'entre nous exploitent leur potentiel au maximum, tant par rapport à leur propre vie que par rapport à leur contribution à celle d'autrui.

Voici à quoi se résume l'idée : Si ce n'est pas vous, alors qui ?

Encore une fois, chacun a sa raison d'être unique. Peut-être êtes-vous agent immobilier et achetez-vous des propriétés pour les louer, et faire de l'argent par les rentrées de fonds et la plus-value. Quelle est votre mission ? Comment venez-vous en aide aux gens ? Il y a de bonnes chances pour que vous ajoutiez de la valeur à votre collectivité en aidant des familles à trouver un logis abordable qu'ils risqueraient de ne pas arriver à trouver autrement. La question est donc de savoir : À combien de familles et de personnes pouvez-vous venir en aide ? Êtes-vous prêt à en aider dix plutôt qu'une, vingt plutôt que dix, cent plutôt que vingt ? Voilà ce que j'entends par jouer grand.

Dans son merveilleux livre intitulé *Un Retour à l'Amour*, l'auteur Marianne Williamson présente les choses ainsi :

Nous sommes enfants de Dieu. Nous déprécier ne sert pas le monde. Ce n'est pas une attitude éclairée de se faire plus petit qu'on est pour que les autres ne se sentent pas inquiets. Nous sommes tous conçus pour briller, comme les enfants. Nous sommes nés pour manifester la gloire de Dieu qui est en nous. Cette gloire n'est pas dans quelques-uns. Elle est en nous tous. Et si nous laissons notre lumière briller, nous donnons inconsciemment aux autres la permission que leur lumière brille. Si nous sommes libérés de notre propre peur, notre seule présence libère automatiquement les autres de leur peur.

Le monde n'a pas besoin de plus de gens qui jouent petit. L'heure est venue d'arrêter de se cacher et de commencer à sortir de sa cachette. L'heure est venue d'arrêter d'avoir des besoins et de commencer à avoir du leadership. L'heure est venue de commencer à partager ses dons plutôt qu'à en faire la collection ou à prétendre qu'ils n'existent pas. L'heure est venue de commencer à jouer le jeu de la vie en voyant les choses en « grand ».

En bout de ligne, penser petit et agir petit conduisent à être fauché et insatisfait. Penser grand et agir grand conduisent à avoir tant de l'argent qu'un but dans la vie. À vous de choisir !

L'HISTOIRE DE RÉUSSITE DE JIM ROSEMARY

Expéditeur : Jim Rosemary
Destinataire : T. Harv Eker

Si quelqu'un m'avait dit que je doublerais mon revenu, en doublant mes temps libres, je lui aurais répondu que ce n'était pas possible. Pourtant, c'est exactement ce qui m'est arrivé.

En un an, notre entreprise a fait un bond de 175 p. cent, et au cours de cette même année nous avons pris au total sept semaines de vacances (dont nous avons consacré la majeure partie à assister à des séminaires de Peak Potentials supplémentaires)! C'est renversant, si l'on considère que nous avons connu une croissance minimale au cours des cinq années précédentes et que nous avions de la difficulté à nous permettre ne serait-ce que deux semaines de congé par année.

En faisant la connaissance de Harv Eker et de Peak Potentials, j'en suis venu à approfondir ma compréhension de la personne que je suis et à gagner une meilleure appréciation de l'abondance qu'il y a dans ma vie. Ma relation avec ma femme et mes enfants s'en est trouvée considérablement améliorée. Je vois maintenant plus d'occasions s'offrir à moi que je ne l'aurais jamais cru possible. Je me sens vraiment sur la voie qui mène à la réussite dans toutes les dimensions de ma vie.

• **DÉCLARATION :** Mettez la main sur votre cœur et dites… *« Je pense grand ! Je choisis de venir en aide à des milliers et des milliers de gens ! »*

Maintenant, touchez-vous la tête et dites :
« J'ai un esprit millionnaire. »

LES ACTIONS ISSUES DE L'ESPRIT MILLIONNAIRE

1. Mettez par écrit ce que vous considérez comme étant vos «talents naturels». Il s'agit de choses que vous avez toujours réussi tout naturellement. Écrivez également comment et où vous pouvez employer davantage de ces dons dans votre vie et surtout dans votre vie professionnelle.

2. Mettez par écrit, ou faites du remue-méninges avec un groupe de personnes, comment résoudre des problèmes pour dix

fois plus de gens que vous touchez actuellement par votre travail ou votre entreprise. Énumérez au moins trois stratégies différentes. Pensez en matière d'«effet de levier».

Dossier financier intérieur nº 5
LES RICHES SE CONCENTRENT SUR LES OCCASIONS.
LES PAUVRES SE CONCENTRENT SUR LES OBSTACLES.

Les riches voient les occasions. Les pauvres voient les obstacles. Les riches voient la croissance éventuelle. Les pauvres voient la perte éventuelle. Les riches se concentrent sur les récompenses. Les pauvres se concentrent sur les risques.

Tout revient à la question vieille comme le monde : «Le verre est-il à moitié vide ou à moitié plein ?» On ne parle pas ici de pensée *positive*, on parle de votre perception habituelle du monde. Les pauvres font des choix basés sur la peur. Leur esprit ne cesse d'examiner les situations pour voir ce qui cloche en elles ou ce qui pourrait clocher en elles. Leur premier réflexe est de se dire : «Et si ça devait ne pas fonctionner ?» ou, plus souvent : «Ça ne fonctionnera pas.»

Les gens de la classe moyenne sont légèrement plus optimistes. Ils ont pour réflexe de se dire : «J'espère vraiment que ça va fonctionner.»

Les riches, comme nous l'avons dit précédemment, assument la responsabilité des résultats qu'ils obtiennent dans leur vie et agissent en ayant pour réflexe de se dire : «Ça fonctionnera, parce que je vais faire en sorte que ça fonctionne.»

Les riches s'attendent à réussir. Ils ont confiance en leurs aptitudes, ils ont confiance en leur créativité, et ils croient que, si les choses devaient mal tourner, ils trouveraient un autre moyen de réussir.

En général, plus grande est la récompense, plus grand est le risque. Comme ils voient continuellement des occasions, les riches sont prêts à courir un risque. Les riches croient que, dans le pire des cas, ils pourront toujours rentrer dans leur argent.

Les pauvres, quant à eux, s'attendent à échouer. Ils manquent de confiance en eux et en leurs aptitudes. Ils croient que, si les choses devaient mal tourner, ce serait catastrophique. Et comme ils voient continuellement des obstacles, ils ne sont habituellement pas prêts à courir de risques. Mais qui ne risque rien n'a rien.

Soit dit en passant, le fait d'être prêt à risquer ne veut pas nécessairement dire qu'on est prêt à perdre. Les riches courent des risques *calculés*, ce qui signifie qu'ils font des recherches, usent de diligence, et prennent des décisions en se fondant sur des renseignements et des faits fiables. Les riches prennent-ils un temps fou pour calculer les risques ? Non. Ils font de leur mieux en aussi peu de temps que possible, puis ils prennent une décision éclairée quant à la nécessité de se jeter ou non à l'eau.

Bien que les pauvres se disent prêts à saisir une occasion, ce qu'ils font en général, c'est *se dérober*. Ils sont morts de peur, ils bafouillent pendant des semaines, des mois, et même des années, et l'occasion finit par leur passer sous le nez. Puis, ils rationalisent la situation en se disant : « Je me préparais. » Mais au bout du compte, tandis qu'ils « se préparaient », le riche a eu le temps de se pointer, de faire fortune encore une fois et de repartir.

Je n'ignore pas que ce que je suis sur le point de vous dire pourra vous paraître un peu étrange, si l'on considère combien j'accorde d'importance à la responsabilisation. Toutefois, je crois fermement qu'un certain élément de ce que beaucoup de gens appellent « chance » est associé au fait de s'enrichir, ou, plus précisément, au fait de réussir à peu près tout.

Au football, il se peut que ce soit un joueur de l'équipe adverse qui vienne s'effondrer sur votre propre ligne d'un mètre avec moins d'une minute à jouer et permettre ainsi à votre équipe de remporter la victoire. Au golf, il se peut que ce soit la balle errante qui aille frapper un arbre hors du terrain et rebondir sur le vert, à quelques centimètres seulement du trou.

En affaires, combien de fois avez-vous entendu parler d'un gars qui met quelques dollars sur un bout de terrain au milieu de nulle part pour voir, dix ans plus tard, un conglomérat décider qu'il veut y bâtir un centre commercial ou un édifice à bureaux? Du coup, l'investisseur fait fortune. Était-ce donc une manœuvre brillante de sa part ou n'était-ce qu'un coup de chance? Selon moi, c'était un peu des deux.

Là où je veux en venir, cependant, c'est que la chance – ou quoi que ce soit qui en vaut la peine – ne vous sourira pas à moins que vous passiez à l'*action* d'une manière ou d'une autre. Pour réussir financièrement, vous devez faire quelque chose, acheter quelque chose ou commencer quelque chose. Et quand vous passez à l'action, est-ce la chance, est-ce l'univers ou est-ce une puissance supérieure qui vous aide de manière miraculeuse à avoir le courage et à prendre l'engagement nécessaires pour poursuivre votre but? En ce qui me concerne, cela importe peu. L'important, c'est que ça se produise.

Il y a aussi un autre principe clé qui s'impose ici, celui selon lequel les riches se concentrent sur ce qu'ils veulent, alors que les pauvres se concentrent sur ce qu'ils *ne* veulent *pas*. Encore une fois, la loi universelle énonce ceci: «Ce sur quoi on se concentre prend de l'ampleur.» Parce que les riches se concentrent sur les occasions en toute situation, les occasions se multiplient pour eux. Leur plus grand problème consiste à gérer toutes les occasions incroyables qu'ils voient de faire de l'argent. Par contre, étant donné que les pauvres se concentrent sur les obstacles en toute situation, les obstacles se multiplient pour eux et leur plus grand problème consiste à gérer tous les obstacles incroyables qu'ils voient.

C'est simple. Votre champ de concentration détermine ce que vous trouvez dans la vie. Concentrez-vous sur les occasions et c'est ce que vous trouverez. Concentrez-vous sur les obstacles et c'est ce que vous trouverez. Je ne suis pas en train de vous conseiller de ne pas résoudre les problèmes. Bien entendu, vous devez régler dans le présent les problèmes qui surgissent. Mais gardez les yeux fixés sur le but, continuez d'avancer vers votre cible. Investissez votre temps et votre énergie dans la création de ce que vous voulez. Lorsque des obstacles surgissent, réglez-les, puis concentrez-vous rapidement de nouveau sur votre vision de l'avenir. Ne vouez pas votre vie à la résolution de problèmes. Ne passez pas tout votre temps à parer au plus pressé. Ceux qui le font ne cessent de reculer! Consacrez votre temps et votre énergie à penser et à agir en allant continuellement de l'avant, vers votre but.

Voulez-vous quelques conseils tout simples, mais extrêmement rares ? En voici : Si vous voulez devenir riche, concentrez-vous sur les moyens de faire de l'argent, de le garder et de l'investir. Si vous voulez être pauvre, concentrez-vous sur les moyens de dépenser votre argent. Vous aurez beau lire mille livres et suivre cent cours portant sur la réussite, mais tout se résumera à cela. Rappelez-vous, ce sur quoi on se concentre prend de l'ampleur.

Les riches comprennent aussi qu'on ne peut jamais tout savoir à l'avance. Dans un autre de nos programmes, Enlightened Warrior Training, nous montrons aux gens comment accéder à leur pouvoir intérieur et réussir envers et contre tout. Dans ce cours, nous enseignons le principe «À vos marques, prêt, partez!» Que voulons-nous dire par là? Préparez-vous le mieux possible le plus rapidement possible ; passez à l'action ; puis, redressez le tir en cours de route.

Il est ridicule de penser qu'on peut savoir tout ce qui est susceptible de se produire dans l'avenir. On se leurre en croyant pouvoir parer à toute éventualité et s'en protéger. Savez-vous qu'il n'existe aucune ligne droite dans l'univers? La vie ne voyage pas en lignes parfaitement droites. Elle coule davantage comme une rivière sinueuse. Plus souvent qu'autrement, on n'arrive à voir que jusqu'au méandre suivant, et ce n'est que lorsqu'on atteint ce méandre qu'on peut voir plus loin.

L'idée, c'est de se lancer dans le jeu avec ce qu'on a, là où on se trouve. J'appelle cela : entrer dans le *corridor*. Par exemple, il y a des années de cela, je prévoyais ouvrir à Fort Lauderdale, en Floride, un café où on servirait des desserts toute la nuit. J'ai étudié les divers lieux possibles, le marché, et j'ai découvert l'équipement dont j'aurais besoin. J'ai également fait des recherches pour voir quels types de gâteaux, de tartes, de crèmes glacées et de cafés je pourrais offrir. Le premier vrai problème auquel je me suis heurté, c'est que j'ai pris beaucoup de poids ! Manger mes recherches ne m'aidait pas. Je me suis donc demandé : « Harv, quel serait le meilleur moyen d'étudier le métier de restaurateur ? » C'est alors que j'ai entendu un gars du nom de Harv, qui était de toute évidence beaucoup plus intelligent que moi, me répondre : « Si tu veux vraiment apprendre un métier, adopte-le. Tu n'as pas à tout y connaître depuis le premier jour. Entre dans le corridor en décrochant un emploi dans le domaine. Tu en apprendras plus en balayant un restaurant et en lavant la vaisselle qu'en passant dix ans à faire des recherches de l'extérieur. » (Je vous avais dit qu'il était beaucoup plus intelligent que moi.)

Et c'est ce que j'ai fait. Je me suis trouvé un emploi au Mother Butler's Pie Shop. J'aimerais pouvoir vous dire qu'ils ont immédiatement reconnu mes superbes talents et m'ont donné tout de suite le poste de P.D.G., mais hélas ils ne voyaient tout simplement pas mes compétences en leadership exécutif, pas plus qu'ils ne s'en souciaient, alors ils m'ont fait commencer comme commis débarrasseur. C'est vrai, je balayais le plancher et je lavais la vaisselle. C'est drôle comment le pouvoir de l'intention fonctionne, n'est-ce pas ?

Vous devez penser que j'ai dû vraiment ravaler ma fierté, mais à dire vrai je n'ai jamais vu les choses ainsi. J'avais pour mission d'apprendre à réussir dans le domaine des desserts ; j'étais reconnaissant pour l'occasion que j'avais de l'apprendre aux dépens de quelqu'un d'autre et de me faire de l'argent de poche en même temps.

Durant mon mandat de commis débarrasseur, j'ai passé autant de temps que possible à discuter revenus et profits avec le gérant, à vérifier les cartons pour découvrir le nom des fournisseurs et à aider le pâtissier à 4 h du matin, pour en apprendre sur l'équipement, les ingrédients et les problèmes susceptibles de survenir.

Toute une semaine s'est écoulée et j'imagine que je me débrouillais comme un as, car le gérant m'a demandé de m'asseoir, m'a servi une pointe de tarte (burk !) et m'a promu au poste de... (roulement de tambour, s'il vous plaît) *caissier* ! J'y ai longuement réfléchi, pendant précisément une fraction de seconde, et lui ai répondu : « Merci, mais je vais passer mon tour. »

Premièrement, ce serait impossible pour moi d'en apprendre beaucoup derrière une caisse enregistreuse. Deuxièmement, j'avais déjà appris ce que j'étais venu apprendre. Mission accomplie !

Voilà ce que je voulais dire par être dans le « corridor ». Cela veut dire entrer dans l'arène, là même où vous voulez être à l'avenir, y occupant n'importe quel poste pour commencer. C'est de loin le meilleur moyen d'en apprendre sur un métier, car on peut ainsi voir les choses de l'intérieur. Deuxièmement, on peut nouer les relations qui nous sont nécessaires, qu'on aurait jamais pu nouer de l'extérieur. Troisièmement, une fois dans le corridor, beaucoup d'autres portes sont susceptibles de s'ouvrir sur de nouvelles occasions. Ainsi, une fois qu'on a été le témoin de ce qui se passe, on peut découvrir pour soi-même le créneau qui nous échappait auparavant. Quatrièmement, on pourrait découvrir que ce domaine ne nous plaît pas vraiment, et Dieu merci on l'aura découvert avant de trop s'y investir !

Alors, lequel des scénarios précédents s'est produit dans mon cas ? Quand j'en ai eu terminé chez Mother Butler's, je n'arrivais plus à supporter l'odeur et la vue d'une tarte. Deuxièmement, le pâtissier a rendu son tablier le lendemain de mon départ, m'a téléphoné, et m'a expliqué qu'il venait tout juste de découvrir un tout nouvel appareil de conditionnement physique extraordinaire connu sous le nom de table d'inversion anti-gravité (il se peut que vous ayez déjà vu Richard Gere pendu la tête en bas à un de ces appareils dans le film intitulé *Gigolo Américain*). Il voulait savoir si j'étais intéressé à y jeter un coup d'œil. J'ai fait mes vérifications, et j'en suis venu à la conclusion qu'il s'agissait de la dynamite, mais pas lui, alors je me suis lancé dans ce domaine en faisant cavalier seul.

Je me suis mis à vendre les tables à des magasins d'articles de sport et à des grands magasins. Je me suis alors rendu compte que ces détaillants avaient tous une chose en commun: des appareils de conditionnement physique lamentables. Les cloches de mon esprit ont alors sonné à toute volée: «Occasion, occasion, occasion.» C'est drôle comment les choses se produisent. C'était ma première expérience dans la vente d'appareils de conditionnement physique, ce qui m'a amené à ouvrir une des premières boutiques d'appareils de conditionnement physique en Amérique du Nord et à faire mon tout premier million. Dire que tout cela a commencé par mon embauche comme commis débarrasseur chez Mother Butler's Pies Shop! La morale de cette histoire est simple: engagez-vous dans le corridor. Qui sait quelles portes s'ouvriront à vous?

Je me suis donné pour devise: «L'action bat toujours l'inaction.» Les riches passent à l'action. Ils sont confiants que, dès qu'ils seront entrés dans le jeu, ils sauront prendre des décisions intelligentes dans le présent, établir des relations et redresser le tir en cours de route.

Comme les pauvres n'ont pas confiance en eux-mêmes ni en leurs aptitudes, ils croient devoir tout savoir à l'avance, ce qui est virtuellement impossible. Entre-temps, ils ne font rien! Au bout du compte, avec leur attitude positive «à vos marques, prêt, partez», les riches passent à l'action et remportent habituellement la victoire.

Finalement, en se disant: «Je ne ferai rien tant que je n'aurai pas identifié chaque problème possible et que je ne saurai pas exactement quoi faire à son sujet», les pauvres ne passent jamais à l'action et perdent donc toujours la partie.

Les riches voient une occasion, sautent dessus et s'enrichissent davantage. Pour ce qui est des pauvres ? Ils en restent au stade des « préparatifs » !

- **DÉCLARATION :** Mettez la main sur votre cœur et dites… *« Je me concentre davantage sur les occasions que sur les obstacles. »*
- *« Je me tiens à mes marques, je me tiens prêt et je pars ! »*

Maintenant, touchez-vous la tête et dites :
« J'ai un esprit millionnaire. »

LES ACTIONS ISSUES DE L'ESPRIT MILLIONNAIRE

1. Entrez dans le jeu. Considérez une situation ou un projet que vous avez à cœur de voir se réaliser. Peu importe ce que vous avez attendu jusqu'ici, faites une croix dessus. Commencez maintenant là où vous êtes avec ce que vous avez. Si c'est possible, faites-le tandis que vous travaillez pour ou avec quelqu'un, d'abord pour apprendre les ficelles du métier. Si vous les avez déjà apprises, plus d'excuses ne tiennent. Allez-y !

2. Exercez-vous à l'optimisme. Aujourd'hui, tout ce que les gens disent est un problème ou un obstacle, alors reformulez leurs propos en occasion. Vous rendrez les gens négatifs complètement fous, mais, hé, quelle différence cela fera-t-il ? C'est ce qu'ils se font continuellement à eux-mêmes de toute manière !

3. Concentrez-vous sur ce que vous avez, et non sur ce que vous n'avez pas. Dressez la liste de dix choses pour lesquelles vous êtes reconnaissant dans votre vie et lisez cette

liste à voix haute. Puis, lisez-la chaque matin au cours des trente prochains jours. Si vous n'appréciez pas ce que vous avez, vous n'en obtiendrez pas davantage et vous n'aurez pas besoin de plus.

Dossier financier intérieur n° 6
LES RICHES ADMIRENT LES AUTRES RICHES ET CEUX QUI RÉUSSISSENT. LES PAUVRES EN VEULENT AUX RICHES ET AUX GENS QUI RÉUSSISSENT.

Les pauvres éprouvent souvent du ressentiment, de la jalousie et de l'envie envers la réussite des autres. Ou ils se rebiffent en disant : «Ils ont tellement de veine», ou murmurent pour eux-mêmes : «Ces stupides riches!»

Vous devez réaliser que, si vous percevez les riches comme *mauvais* d'une certaine manière et que vous souhaitez être une *bonne* personne, alors vous ne pourrez jamais être riche. Cela vous sera impossible. En effet, comment pourriez-vous être ce que vous méprisez?

C'est effarant de voir le ressentiment et même la colère dé-clarée que tant de pauvres éprouvent envers les riches. Comme s'ils croyaient que les riches les *rendaient* pauvres. «Eh oui, c'est bien vrai, les riches ont pris tout l'argent, si bien qu'il n'en reste plus pour moi.» Bien entendu, voilà tout à fait le discours de la victime.

Je tiens à vous raconter une histoire, non pour me plaindre, mais simplement pour vous faire part d'une expérience vérita-ble que j'ai faite par rapport à ce principe. Dans le passé, quand j'avais, disons, des défis financiers à relever, je conduisais une guimbarde. Je n'avais jamais de problème à changer de voie dans la circulation. Presque tout le monde me cédait la place. Mais quand je suis devenu riche et que je me suis acheté une superbe

Jaguar noire toute neuve, je n'ai pu m'empêcher de remarquer combien les choses avaient changé. Tout d'un coup, on s'est mis à me couper la route et parfois à me faire servir le doigt d'honneur pour bien me faire comprendre le message. Je me suis même déjà fait jeter des choses sur moi, tout cela pour une seule raison : je conduisais une Jaguar.

Un jour, je roulais dans un quartier défavorisé de San Diego, en train de livrer des dindes dans le cadre d'une œuvre de bienfaisance à Noël. Mon toit ouvrant était ouvert et j'ai remarqué quatre types sombres perchés sur l'arrière d'une camionnette qui me suivait. Soudain, ils se sont mis à jouer au basket-ball avec ma voiture, en essayant de lancer des boîtes de bière dans mon toit ouvrant. Après avoir gratifié ma voiture de cinq bosses et de plusieurs éraflures profondes, ils m'ont dépassé en me criant : « Sale riche ! »

Bien entendu, je me suis dit qu'il devait s'agir d'un incident isolé, jusqu'à ce que deux semaines plus tard à peine, dans un autre quartier défavorisé, je gare ma voiture dans la rue et j'y retourne dix minutes plus tard pour découvrir qu'on en avait éraflé tout le côté avec une clef.

La fois suivante où je suis allé dans cette partie de la ville, j'ai loué une Ford Escort, et étonnamment, je n'ai pas eu le moindre problème. Je ne veux pas dire que les quartiers défavorisés sont remplis de mauvaises personnes, mais je sais maintenant par expérience qu'il semble vraiment y avoir beaucoup de gens là-bas qui éprouvent du ressentiment envers les riches. Qui sait, peut-être s'agit-il de l'histoire de la poule ou de l'œuf : C'est parce qu'ils sont fauchés qu'ils en veulent aux riches ou c'est parce qu'ils en veulent aux riches qu'ils sont pauvres ? En ce qui me concerne, qui s'en préoccupe ? C'est du pareil au même, ils n'en restent pas moins pauvres !

C'est facile à dire qu'on ne devrait pas en vouloir aux riches, mais selon son humeur, on risque tous de tomber dans le piège, même moi. Dernièrement, je dînais dans ma chambre d'hôtel, environ une heure avant de monter sur la scène pour donner une session du Millionaire Mind Intensive Seminar. J'ai allumé la télé pour vérifier les résultats sportifs quand je suis tombé sur *Oprah*. Bien que je ne sois pas très fervent de télévision, je raffole d'Oprah. Cette femme a touché plus de gens par sa perception positive des choses que presque n'importe qui sur la planète, et elle mérite par conséquent jusqu'au dernier centime qu'elle possède… et plus encore !

Entre-temps, elle interviewait l'actrice Halle Berry. Elles étaient en train de discuter de ce que Halle venait de décrocher un des contrats cinématographiques les plus importants jamais donné à une femme : 20 millions de dollars. Halle déclara alors qu'elle ne se préoccupait pas de l'argent, et qu'elle s'était battue pour décrocher ce contrat faramineux afin d'ouvrir la voie à d'autres femmes. Je me suis alors passé pour réflexion avec scepticisme : «Oui, bien sûr ! Nous prends-tu, moi et les autres auditeurs de l'émission, pour des imbéciles ? Tu devrais prendre une partie de ce blé et accorder une augmentation à ton agent des relations publiques. C'est certainement la meilleure réplique écrite que j'ai entendue de toute ma vie.»

J'ai senti le négativisme monter en moi, et je me suis pris moi-même en défaut, avant que l'énergie négative m'envahisse. «Annule, annule, merci de m'avoir parlé», ai-je crié à mon esprit, afin de faire taire cette voix de ressentiment.

Je n'arrivais pas à le croire. Moi, monsieur Millionaire Mind en personne, j'éprouvais du ressentiment envers Halle Berry pour l'argent qu'elle faisait. J'ai vite retourné la situation et je me suis mis à crier à tue-tête : «Bravo, ma fille ! Là tu parles ! Tu leur as fait une faveur, tu aurais dû leur demander trente millions ! Tu te débrouilles drôlement bien ! Tu es incroyable, et tu le mérites !» Je me suis senti beaucoup mieux.

Peu importe la raison qu'elle avait de vouloir tout cet argent, le problème n'avait rien à voir avec elle, mais tout avec moi. Rappelez-vous que mes opinions ne font aucune différence dans le bonheur ou la richesse de Halle, mais elles en font une dans *mon* bonheur et *ma* richesse. Rappelez-vous également que les pensées et les opinions ne sont ni bonnes ni mauvaises, ni vraies ni fausses, lorsqu'elles entrent dans votre esprit, mais elles peuvent très certainement avoir un effet dynamisant ou paralysant sur votre bonheur et votre réussite, quand elles entrent dans votre vie.

Dès l'instant où j'ai ressenti cette énergie négative monter en moi, mes alarmes d'«observation» se sont déclenchées et, selon mon habitude, j'ai immédiatement *neutralisé* la négativité dans mon esprit. On n'a pas à être parfait pour être riche, mais on doit reconnaître quand son mode de pensée n'est pas dynamisant pour soi-même ou les autres, et ensuite se concentrer de nouveau sur des pensées plus positives. Plus vous étudierez le livre que vous avez en main, plus le processus qu'il enseigne vous deviendra facile et rapide à mettre en application, et si vous assistez au Millionaire Mind Intensive Seminar, vous accélérerez de beaucoup vos progrès. Je sais que je ne cesse de mentionner ce cours, mais comprenez-moi bien, je ne le défendrais pas avec une telle ardeur si je ne voyais pas de mes propres yeux les résultats remarquables qu'il produit dans la vie des gens qui y assistent.

Dans leur livre extraordinaire intitulé *Le millionnaire minute*, mes bons amis Mark Victor Hansen et Robert Allen citent l'histoire émouvante que Russell H. Conwell relate dans le livre qu'il a écrit il y a plus de cent ans et auquel il a donné le titre *Des hectares de diamants* :

> *« J'affirme que vous devez devenir riche et que c'est votre devoir. » Combien de mes pieux fidèles me disent : « Vous, un ministre du culte chrétien, parcourez le pays pour conseiller aux jeunes gens de faire de l'argent ? »*
> *« Oui, bien sûr. »*
> *Ils réagissent en disant : « N'est-ce pas terrible ? Pourquoi ne prêchez-vous pas l'Évangile au lieu de la*

richesse ? » *Parce que, à vrai dire, faire de l'argent, c'est prêcher l'Évangile. Voilà la raison. L'homme qui devient riche peut être le plus honnête de la communauté.*

« *Oh,* » *a répliqué un jeune homme,* « *toute ma vie on m'a enseigné qu'une personne qui a de l'argent est très malhonnête, indigne, méchante et méprisable.* » *Mon ami, si c'est votre opinion des gens riches, voilà pourquoi vous n'avez pas d'argent. La base de votre foi est fausse. Je vais vous dire clairement... quatre-vingt-dix-huit pour cent des hommes et des femmes riches en Amérique sont honnêtes. C'est la raison même pour laquelle ils sont riches, font de l'argent, dirigent de grandes entreprises et trouvent beaucoup de gens pour travailler avec eux.*

Un autre jeune homme a lancé : « *J'entends souvent parler de personnes ayant amassé des millions de dollars de façon malhonnête.* » *Oui, bien sûr, moi aussi. Mais c'est tellement rare que les journaux en tirent constamment des nouvelles et nous finissons par avoir l'impression que toutes les autres personnes riches ont elles aussi procédé malhonnêtement.*

Mon ami, amenez-moi... dans les banlieues de Philadelphie et présentez-moi aux propriétaires de ces jolies demeures entourées de beaux jardins fleuris à proximité de cette belle ville. Je vous présenterai alors les meilleures personnes de votre ville du point de vue de la moralité et de la détermination... Posséder leur maison les rend davantage dignes, honnêtes, purs, prudents et responsables sur le plan économique.

De la chaire de la vérité... nous prêchons contre l'avidité... et affirmons vigoureusement que l'argent est sale. C'est pourquoi les chrétiens croient... qu'il n'est pas bon qu'une personne ait de l'argent. L'argent est le pouvoir et vous devez faire preuve d'une ambition raisonnable pour en obtenir. C'est votre devoir, car avec de l'argent vous pouvez faire plus de bien. C'est grâce à l'argent que vos bibles ont été imprimées, que vos églises ont été construites, que des missionnaires peuvent partir en mission. L'argent paye aussi vos pasteurs… J'affirme ainsi qu'il faut que vous ayez de l'argent. Si vous pouvez parvenir à la richesse honnêtement… c'est votre devoir divin. Les gens qui croient qu'il faut être pauvre pour être pieux se trompent gravement.

Le passage de Conwell soulève plusieurs points excellents. Le premier concerne la capacité de *mériter la confiance*. De tous les attributs nécessaires pour devenir riche, mériter la confiance d'autrui doit être parmi les premiers sur la liste. Pensez-y, feriez-vous des affaires avec quelqu'un en qui vous n'auriez pas confiance à tout le moins dans une certaine mesure ? Pas question ! En fait, pour devenir riche, il y a de bonnes chances pour que beaucoup, beaucoup, beaucoup de gens doivent vous faire confiance, et il y a de bonnes chances pour que, si tant de gens vous font confiance, vous deviez vous montrer digne de leur confiance.

Quels autres traits de caractère une personne doit-elle posséder pour devenir riche et, plus important encore, pour le rester ? Il ne fait aucun doute qu'il y aura toujours des exceptions à toute règle, mais la plupart du temps, *qui* devez-vous être pour réussir à quoi que ce soit ? Essayez certains de ces traits de caractère pour voir s'ils sont de votre taille : positif, fiable, concentré sur le but, déterminé, persévérant, travailleur, énergique, ayant de l'entregent, bon communicateur, assez intelligent et expert dans au moins un domaine.

Un autre élément intéressant dans le passage de Conwell précise que beaucoup de gens ont été conditionnés à croire qu'on ne peut être à la fois riche et une bonne personne ou être à la fois riche et spirituel. C'était aussi ma façon de penser auparavant. Comme à beaucoup d'entre nous, des amis, des enseignants, des médias et le reste de la société m'ont dit que les riches étaient mauvais d'une certaine manière, qu'ils étaient tous avares. C'est encore une fois une perception des choses qui s'est révélée n'être en fin de compte que foutaise ! En m'appuyant sur ma propre expérience de vie, plutôt que sur un vieux mythe enraciné dans la peur, j'ai découvert que les gens les plus riches que je connais sont également les plus gentils.

Quand j'ai déménagé à San Diego, nous avons emménagé dans une résidence d'un des plus beaux quartiers de la ville. La beauté de cette résidence et du quartier nous a ravis, mais je ressentais néanmoins une certaine agitation du fait que je n'y connaissais encore personne et que je n'avais pas encore l'impression d'y être à ma place. J'avais l'intention de ne pas me faire remarquer et de ne pas trop côtoyer ces riches snobs. Mais fidèle à lui-même, l'univers a fait en sorte que mes enfants, qui étaient alors âgés de cinq et de sept ans, se lient d'amitié avec les enfants du voisinage, et je n'ai pas tardé à les conduire chez des gens qui habitaient ces maisons cossues pour qu'ils puissent s'y amuser. Je me rappelle avoir frappé à une porte merveilleusement sculptée d'au moins six mètres de haut. Après l'avoir ouverte, la mère qui habitait là m'a dit avec la voix la plus amicale que j'avais jamais entendue : « Harv, je suis si heureuse de vous rencontrer, entrez donc. » J'étais quelque peu perplexe quand elle m'a servi un verre de thé glacé et un bol de fruits. « Quel est le piège ? » voulait savoir mon esprit sceptique. Puis, son mari est entré après avoir joué avec les enfants dans la piscine. Il était encore plus amical : « Harv, nous sommes si heureux de vous avoir dans le voisinage. Vous devez venir à notre BBQ ce soir avec le reste de votre famille. Nous vous présenterons à tout le monde, et nous n'acceptons pas de non pour réponse. Justement, jouez-vous au golf ? Je joue demain au club, pourquoi ne viendriez-vous pas avec moi à titre d'invité ? » Rendu là, j'étais en état de choc. Où étaient donc passés les snobs que j'étais certain de rencontrer ? Je suis rentré à la maison ce jour-là en disant à ma femme que nous irions au BBQ en soirée.

« Aïe, aïe, mais qu'est-ce que je vais bien pouvoir porter ? » « Non, chérie, tu ne comprends pas, lui ai-je dit, ces gens sont gentils comme tu n'imagines pas et tout ce qu'il y a de plus simples. Tu n'auras qu'à être toi-même. »

Nous y sommes allés, et ce soir-là nous avons rencontré certaines des personnes les plus chaleureuses, les plus gentilles, les plus généreuses, les plus aimantes de toute notre vie. À un certain moment, la conversation est passée à une œuvre de bien-faisance qu'une des invitées dirigeait. L'un après l'autre, les chéquiers sont sortis. Je n'arrivais pas à le croire, tandis que je regardais les gens faire la file pour remettre un chèque à la femme en question. Mais à chaque chèque était associé une condition. Il devait y avoir réciprocité en ce sens que la femme soutiendrait à son tour l'œuvre de bienfaisance à laquelle le donneur participait de son côté. C'est vrai, chacune des personnes présentes était soit à la tête, soit un joueur clé d'une œuvre de bienfaisance ou d'une autre.

Les amis qui nous avaient invités participaient eux-mêmes à plusieurs œuvres. En fait, chaque année, ils se donnaient pour objectif d'être dans toute la ville les donneurs qui contribuaient le plus généreusement au Children's Hospital Fund. Non seule-ment ils donnaient eux-mêmes des dizaines de milliers de dollars, mais encore chaque année ils organisaient un dîner de gala qui leur permettait de recueillir des centaines de milliers de dollars de plus pour cette cause.

Puis, il y avait le spécialiste des « veines ». Nous nous sommes étroitement liés avec sa famille également. Il comptait parmi les plus grands spécialistes des varices du monde entier et a fait fortune dans ce domaine ; il se faisait entre 5 000 et 10 000 dollars par chirurgie, et il en effectuait quatre ou cinq par jour.

Si je vous parle de lui, c'est parce que chaque mardi était son jour «gratuit», où il opérait des gens de la ville qui ne pouvaient se permettre de payer l'intervention. Les mardis, il travaillait de 6 h jusqu'à 22 h, effectuant parfois jusqu'à dix chirurgies gratuites. En plus, il dirigeait sa propre organisation dont la mission consistait à amener d'autres médecins à offrir des journées de soins gratuits aux gens de leur propre collectivité.

Inutile de vous dire que mon ancienne croyance selon laquelle les riches sont des snobs avares a disparu à la lumière de la réalité. Je sais maintenant que c'est le contraire qui est vrai. L'expérience m'a enseigné que les gens les plus riches que je connais sont les gens les plus gentils que je connais. Ce sont également les plus généreux. Ce n'est pas pour dire que les gens qui ne sont pas riches ne sont pas gentils ou généreux. Mais je peux affirmer en connaissance de cause que l'idée selon laquelle tous les riches sont mauvais d'une certaine manière ne reflète qu'ignorance.

Le fait est que d'en vouloir aux riches est un des moyens les plus sûrs de rester fauché. Nous sommes des créatures attachées à nos habitudes, et pour surmonter cette habitude et toute autre habitude, nous devons nous y exercer. Au lieu d'en vouloir aux riches, je vous demande de vous exercer à *admirer* les riches, de vous exercer à *bénir* les riches et de vous exercer à *aimer* les riches. Ainsi, vous savez inconsciemment que lorsque vous serez riche, d'autres vous admireront, vous béniront et vous aimeront, plutôt que de vous en vouloir à mort comme c'est peut-être votre cas actuellement.

Une des philosophies selon lesquelles je vis provient de la vieille sagesse de Huna, à savoir les enseignements d'origine des chefs hawaïens. Elle se présente comme ceci : Bénis ce que tu souhaites avoir. Si tu vois quelqu'un qui a une belle maison, bénis cette personne et bénis cette maison. Si tu vois quelqu'un qui a une belle voiture, bénis cette personne et bénis cette voiture. Si tu vois quelqu'un qui a une belle famille, bénis cette personne et bénis cette famille. Si tu vois quelqu'un qui a un beau corps, bénis cette personne et bénis ce corps.

PRINCIPE D'ENRICHISSEMENT :
« Bénis ce que tu souhaites avoir. » - philosophie de Huna

L'idée est que, si vous en voulez aux riches pour ce qu'ils ont d'une manière ou d'une autre, vous ne pourrez jamais l'avoir.

De toute façon, si vous voyez quelqu'un dans une superbe Jaguar noire avec le toit ouvrant ouvert, *ne lui jetez pas de boîtes de bière !*

• **DÉCLARATION :** Mettez la main sur votre cœur et dites…
  « J'admire les riches ! »
  « Je bénis les riches ! »
  « J'aime les riches ! »
  « Et je vais compter parmi ces riches aussi ! »

Maintenant, touchez-vous la tête et dites :
« J'ai un esprit millionnaire. »

LES ACTIONS ISSUES DE L'ESPRIT MILLIONNAIRE

1. Exercez-vous à mettre en pratique la philosophie de Huna : « Bénis ce que tu souhaites avoir. » Promenez-vous au volant de votre voiture ou achetez des revues, regardez de belles résidences, des voitures magnifiques, et lisez des articles au sujet d'entreprises prospères. Tout ce que vous verrez et qui vous plaira, bénissez-le et bénissez ceux qui en sont propriétaires ou qui en font partie.

2. Écrivez et envoyez une courte lettre ou un court courriel à quelqu'un que vous connaissez (pas nécessairement personnellement) qui connaît une grande réussite dans un domaine,

pour lui dire combien vous l'admirez et le respectez pour ses réalisations.

Dossier financier intérieur n° 7
LES RICHES S'ASSOCIENT AUX GENS POSITIFS QUI RÉUSSISSENT.
LES PAUVRES S'ASSOCIENT AUX GENS NÉGATIFS
QUI NE RÉUSSISSENT PAS.

Les gens qui réussissent observent d'autres gens qui réussissent dans le but de se motiver eux-mêmes. Ils considèrent les autres qui réussissent comme des modèles de qui apprendre des leçons. Ils se disent : « S'ils le peuvent, je le peux aussi. » Comme je l'ai mentionné précédemment, l'exemple est un des moyens principaux par lesquels les gens apprennent.

Les riches sont reconnaissants de ce que d'autres ont réussi avant eux, de sorte qu'ils ont maintenant un plan financier intérieur qu'ils peuvent suivre et qui facilitera leur ascension vers leur propre réussite. Pourquoi refaire le monde ? Il existe des méthodes éprouvées pour réussir qui fonctionnent dans le cas de presque toutes les personnes qui les mettent en pratique.

Par conséquent, le moyen le plus rapide et le plus facile de faire fortune consiste à découvrir exactement comment les riches, qui sont passés maîtres au jeu de l'argent, y jouent. Le but consiste simplement à imiter leurs stratégies intérieures et extérieures. C'est une question de gros bon sens : si vous posez exactement les mêmes actions et que vous avez exactement la même conception des choses, il y a des chances pour que vous obteniez exactement les mêmes résultats. Voilà ce que j'ai fait, et c'est ce que je souhaite vous enseigner par le livre que vous avez en main.

Contrairement aux riches, lorsqu'ils entendent parler de la réussite d'autres personnes, les pauvres très souvent les jugent, les critiquent, se moquent d'elles et essaient de les rabaisser à leur niveau. Combien d'entre vous connaissez des gens qui leur ressemblent ? Combien d'entre vous connaissez des membres de votre famille qui leur ressemblent ? La question est de savoir comment vous pouvez apprendre des leçons de quelqu'un que vous rabaissez ou comment vous en inspirer ?

Chaque fois qu'on me présente à quelqu'un d'extrêmement riche, je crée le moyen de me retrouver en sa compagnie. Je veux lui parler, découvrir comment il pense, échanger des recommandations avec lui et, si nous avons autre chose en commun, me lier d'amitié avec lui.

Soit dit en passant, si vous croyez que j'ai tort de préférer me lier d'amitié avec des gens riches, peut-être préféreriez-vous que je choisisse des amis fauchés ? Je ne pense pas ! Comme je vous l'ai dit plus tôt, l'énergie est contagieuse, et je n'ai pas du tout envie d'assujettir la mienne à la leur !

Je donnais dernièrement une interview à la radio et une femme a appelé pour me poser une excellente question : « Que dois-je faire si je suis positive et que je veux grandir, mais que mon mari est négatif ? Est-ce que je le laisse ? Est-ce que j'essaie de le changer ? Ou quoi ? » Je me fais poser cette question au moins cent fois par semaine quand je donne nos cours. Presque tout le monde me pose la même question : « Que dois-je faire si les gens les plus proches de moi ne s'intéressent pas à la croissance personnelle et vont même jusqu'à me rabaisser parce que j'y crois ? »

Voici la réponse que j'ai donnée à la femme qui a appelé la station de radio, celle que je donne aux gens qui suivent nos cours et celle que je vous suggère.

Premièrement, ne vous donnez pas la peine d'essayer de changer les gens négatifs ou de leur faire suivre le cours. Ce n'est pas à vous de le faire. La part qui vous revient, c'est d'utiliser ce que vous avez appris pour vous améliorer et améliorer votre vie. Donnez l'exemple, réussissez, soyez heureux, peut-être qu'alors – et j'insiste sur le *peut-être* – ils en viendront à voir la lumière (en vous) et à en vouloir un peu pour eux-mêmes. Rappelez-vous, l'énergie est contagieuse. La noirceur se dissipe dans la lumière. Les gens doivent vraiment travailler dur pour rester «sombres» lorsque la lumière les entoure. Ce que vous avez à faire, c'est d'être le mieux que vous puissiez être. S'ils choisissent de vous demander quel est votre secret, dites-le-leur.

Deuxièmement, rappelez-vous un autre principe que nous enseignons dans notre Wizard Training, qui est un cours portant sur la possibilité de manifester ce qu'on souhaite avoir en restant calme, concentré sur le but et en paix. Le voilà : «Tout se produit pour une raison et cette raison est là pour me venir en aide.» Oui, il est beaucoup plus difficile d'être positif et conscient en compagnie de personnes ou au milieu de situations négatives, mais voilà le test que vous devez réussir! Comme l'acier se durcit dans le feu, si vous arrivez à rester fidèle à vos valeurs tandis que ceux qui vous entourent sont en proie aux doutes et vous condamnent même, vous grandirez plus rapidement et vous deviendrez plus fort.

Rappelez-vous également que «rien n'a d'autre signification que celle qu'on lui donne». Souvenez-vous de la Première partie, où nous avons mentionné le fait que nous en venons toujours à nous identifier à un de nos parents ou aux deux, ou à nous rebeller contre un des deux ou les deux, selon la manière dont nous avons «structuré» nos actions. À compter de maintenant, je veux que vous vous exerciez à restructurer la négativité d'autres personnes en tant que rappel de la manière dont il *ne* faut *pas* être. Plus elles sont négatives, plus elles vous rappellent en quoi cette façon d'être est vraiment *laide*. Je ne vous suggère pas de le leur dire. Contentez-vous de le faire, sans les condamner pour leur manière d'être. Car, si vous vous mettez à les juger, à les critiquer et à les rabaisser pour ce qu'elles sont et ce qu'elles font, alors vous ne vaudrez guère mieux qu'elles.

Dans le pire des cas, si vous n'arrivez plus à supporter leur énergie négative, s'ils arrivent à vous rabaisser au point où il ne vous est plus possible de grandir, il se peut que vous deviez prendre des décisions courageuses quant à la personne que vous êtes et à la manière dont vous souhaitez vivre le reste de votre vie. Je ne vous suggère pas de poser un geste irréfléchi, mais je ne vivrais jamais avec quelqu'un de négatif, qui dénigrerait mon désir d'apprendre et de grandir, que ce soit personnellement, spirituellement ou financièrement. Je ne me ferais pas cela, parce que je me respecte, moi et ma vie, et que je mérite d'être aussi heureux et de réussir aussi bien que possible. La façon dont je vois les choses, c'est qu'il y a plus de 6,3 milliards de gens dans le monde et que je ne me mettrai jamais en selle avec quelqu'un de démoralisant. Ou bien il fait son chemin ou bien je passe mon chemin !

Souvenez-vous que l'énergie est contagieuse : soit que vous *touchiez* les gens, soit que vous *infectiez* les gens. Le contraire est aussi vrai ; soit que les gens vous touchent ou vous infectent. Permettez-moi de vous poser une question : Serreriez-vous quelqu'un dans vos bras qui est gravement atteint de rougeole ? La plupart des gens me répondraient : «Bien sûr que non, je ne veux pas attraper la rougeole.» Eh bien, je trouve que la pensée négative est *la rougeole de l'esprit*. Au lieu de vous démanger, elle vous pousse à maugréer ; au lieu de vous gratter, vous dénigrez ; au lieu d'avoir des irritations, vous avez des frustrations. Dites-moi, souhaitez-vous vraiment vous trouver en compagnie de telles personnes ?

Je suis certain que vous avez déjà entendu le dicton : «Qui se ressemble s'assemble.» Saviez-vous que la plupart des gens obtiennent dans les 20 p. cent du revenu moyen de leurs meilleurs amis ? Voilà pourquoi vous auriez intérêt à mieux vérifier à qui vous vous associez et à mieux choisir avec qui vous passez votre temps.

L'expérience m'a enseigné que les riches ne se contentent pas simplement de se joindre au cercle sportif pour jouer au golf ; ils s'y joignent pour côtoyer d'autres riches et d'autres personnes qui réussissent. Il y a un autre dicton qui dit : «L'important, ce n'est pas ce qu'on connaît, mais *qui* on connaît.» En ce qui me concerne, vous pouvez être sûr que c'est vrai. Bref, «si vous voulez voler en compagnie des aigles, ne nagez pas avec les canards !» Je me fais un devoir de ne côtoyer que les gens qui réussissent et qui sont positifs, et plus important encore, je me dissocie des gens négatifs.

Je me fais également un devoir de me soustraire aux situations toxiques. Je ne vois aucune raison de me laisser infecter par une énergie venimeuse. Parmi ces situations, j'inclurais les disputes, les commérages et les coups dans le dos. J'inclurais également les émissions de télé «qui ne stimulent pas l'esprit», à moins que vous vous en serviez précisément pour vous détendre plutôt que comme votre unique forme de divertissement. Quand je regarde la télé, ce sont en général les sports qui m'intéressent. Premièrement parce que j'aime regarder des maîtres en n'importe quoi à l'œuvre, et deuxièmement parce que j'aime écouter les interviews qui suivent les matchs. J'aime observer la tournure d'esprit des champions et, pour moi, n'importe qui s'étant rendu jusqu'à la première division dans n'importe quel sport est un champion. Tout athlète de ce niveau a déclassé des dizaines de milliers d'autres joueurs pour accéder à ce rang, ce qui les rend tous incroyables à mes yeux. J'aime les entendre extérioriser leur attitude lorsqu'ils remportent une victoire : «Toute l'équipe a fourni de grands efforts. On a bien fait, mais on devra encore s'améliorer. Ça prouve bien que le travail acharné a ses récompenses.» J'aime aussi les entendre extérioriser leur attitude lorsqu'ils essuient une défaite : «Ce n'est qu'un match. On va revenir en force. On va tout simplement oublier ce match et se concentrer sur le prochain. On va se remettre ensemble et parler du moyen de mieux réussir, et faire ensuite le nécessaire pour gagner.»

Au cours des Jeux olympiques de 2004, Perdita Felicien, la Canadienne qui détenait le titre de championne du monde à la course de haies de cent mètres, semblait avoir toutes les chances de remporter la médaille d'or. Durant la course finale, elle a accroché la première haie et est tombée durement au sol. Elle n'a pas pu terminer la course. Extrêmement contrariée, elle avait les larmes aux yeux tandis qu'elle gisait là ahurie. Elle s'était préparée à ce moment six heures par jour, chaque jour de la semaine, au cours des quatre années précédentes. Le lendemain matin, j'ai écouté sa conférence de presse. J'aurais dû l'enregistrer. C'était renversant d'entendre sa perspective des choses. Elle a dit quelque chose comme : « J'ignore pourquoi ça s'est produit, mais ça s'est produit, et je vais m'en servir. Je vais me concentrer encore plus et travailler encore plus dur au cours des quatre prochaines années. Qui sait à quoi aurait ressemblé ma vie si j'avais remporté la victoire ? Peut-être que cette victoire aurait réduit ma soif de victoire. Je l'ignore, mais je sais que maintenant j'en ai plus soif que jamais. Je reviendrai encore plus forte. » En l'écoutant parler, tout ce que je pouvais dire, c'est : « Génial ! » On peut en apprendre beaucoup en écoutant parler des champions.

Les riches côtoient des gagnants. Les pauvres côtoient des perdants. Pourquoi ? C'est une question d'aise. Les riches se sentent à l'aise avec d'autres personnes qui réussissent. Ils se sentent tout à fait dignes de se trouver en leur compagnie. Les pauvres se sentent mal à l'aise avec des gens qui réussissent vraiment bien. Soit qu'ils craignent de se faire rejeter, soit qu'ils ont l'impression de ne pas être à leur place. Pour se protéger, l'ego se laisse ensuite aller au jugement et à la critique.

Si vous voulez devenir riche, vous devrez changer votre plan financier intérieur afin d'en venir à croire pleinement que vous êtes tout aussi bon que n'importe quel millionnaire ou multimillionnaire. Je suis toujours choqué que des gens viennent me voir durant mes séminaires pour me demander s'ils peuvent me toucher. Ils me disent : « Je n'ai jamais touché un multimillionnaire auparavant. » En général, je leur souris poliment, mais intérieurement je me dis : « Réveillez-vous, ma parole ! Je ne suis ni meilleur que vous ni différent de vous, et à moins que vous le compreniez enfin, vous resterez fauché à jamais ! »

Mes amis, il ne s'agit pas de «toucher» des millionnaires, mais de décider que vous êtes tout aussi bon et digne qu'eux, pour ensuite agir en conséquence. Le meilleur conseil que je puisse vous donner est celui-ci : Si vous voulez vraiment toucher un millionnaire, devenez-en un ! »

J'espère que vous comprenez ce que j'essaie de vous expliquer. Au lieu de vous moquer des riches, imitez-les. Au lieu de vous éloigner des riches parce qu'ils vous intimident, apprenez à les connaître. Au lieu de dire : «Incroyable, ils sont tellement spéciaux ! » dites : «S'ils y arrivent, j'en suis capable aussi.» Si vous voulez toucher un millionnaire, un jour ou l'autre vous pourrez vous toucher ! »

- **DÉCLARATION :** Mettez la main sur votre cœur et dites…
  « J'imite les riches et ceux qui réussissent. »
  « Je m'associe aux riches et à ceux qui réussissent. »
  « S'ils le peuvent, je le peux aussi ! »

Maintenant, touchez-vous la tête et dites :
« J'ai un esprit millionnaire. »

LES ACTIONS ISSUES DE L'ESPRIT MILLIONNAIRE

1. Allez à la bibliothèque, dans une librairie ou sur l'Internet et lisez la biographie de quelqu'un qui est ou qui était extrêmement riche et qui connaît ou a connu une réussite époustouflante. Andrew Carnegie, John D. Rockefeller, Mary Kay, Donald Trump, Warren Buffett, Jack Welch, Bill Gates et Ted Turner en sont quelques bons exemples. Inspirez-vous de leur histoire, servez-vous-en pour apprendre des stratégies de réussite spécifiques et, plus important encore, pour imiter leur mode de pensée.

2. Joignez-vous à un club chic, comme un club de tennis, de santé, d'affaires ou de golf. Côtoyez des riches qui évoluent

dans un milieu riche. Ou, si vous n'avez absolument pas les moyens de vous joindre à un club élitaire, prenez un café ou un thé dans l'hôtel le plus huppé de la ville. Apprenez à être à l'aise dans cette atmosphère et observez-en les clients, en remarquant qu'ils ne sont pas différents de vous.

3. Identifiez une situation ou une personne qui a un effet négatif sur votre vie. Soustrayez-vous à cette situation ou association. S'il s'agit d'un membre de votre famille, choisissez de vous retrouver moins fréquemment en sa compagnie.

•   Arrêtez de regarder des émissions télévisées abrutissantes et évitez les nouvelles déprimantes.

Dossier financier intérieur n° 8
LES RICHES SONT PRÊTS À SE PROMOUVOIR, EUX ET LEUR VALEUR. LES PAUVRES VOIENT LA VENTE ET LA PROMOTION D'UN MAUVAIS ŒIL.

Mon entreprise, Peak Potentials Training, offre plus de douze programmes différents. Au cours du tout premier séminaire, qui est habituellement le Millionaire Mind Intensive Seminar, nous mentionnons brièvement quelques-uns de nos autres cours, et nous offrons ensuite aux participants des primes et des frais d'inscription à prix réduits qu'ils ne peuvent obtenir que sur place. Il est alors intéressant de remarquer les réactions des participants.

La plupart des gens sont très enthousiasmés. Ils apprécient le fait d'avoir l'occasion d'entendre parler des thèmes des autres cours et d'obtenir des prix réduits. Par contre, certaines personnes ne sont pas aussi enthousiastes. Elles sont contrariées de se voir offrir des promotions, peu importe combien ces dernières peuvent leur être avantageuses. Si cette réaction ressemble un tant soit peu à la vôtre, il s'agit là d'un trait de caractère important à noter chez vous.

Le fait d'être contrarié par des promotions constitue un des plus grands obstacles à la réussite. Les gens qui trouvent à redire de la vente et de la promotion sont habituellement fauchés. C'est clair comme de l'eau de roche. Comment pouvez-vous créer un revenu important au sein de votre entreprise ou en tant que représentant d'une entreprise si vous n'êtes pas disposé à faire savoir aux gens que vous, votre produit ou votre service existe ? Même en tant qu'employé, si vous n'êtes pas disposé à promouvoir vos qualités, quelqu'un y étant disposé vous dépassera dans les échelons de l'entreprise.

Les gens ont un problème par rapport à la promotion et à la vente pour plusieurs raisons. Il y a d'ailleurs des chances pour que vous reconnaissiez une ou plusieurs des raisons suivantes.

Premièrement, il se peut que des gens qui s'y prenaient mal vous aient fait faire une mauvaise expérience de la promotion. Peut-être avez-vous eu l'impression qu'ils vous «imposaient» leur vente. Peut-être vous importunaient-ils. Peut-être n'acceptaient-ils pas de refus. D'une manière ou d'une autre, il est important de reconnaître que cette expérience appartient au passé et que le fait de vous y accrocher puisse mal vous servir aujourd'hui.

Deuxièmement, il se peut que vous ayez fait une expérience paralysante lorsque vous avez tenté de vendre quelque chose à quelqu'un et que cette personne vous a complètement rejeté. Dans ce cas-là, votre répugnance pour la promotion n'est que la projection de votre propre peur de l'échec et du rejet. Ici encore, vous devez réaliser que le passé n'est pas nécessairement le reflet de l'avenir.

Troisièmement, il se peut que votre difficulté provienne de la manière dont vos parents vous ont programmé. Beaucoup d'entre nous se sont fait dire qu'il était impoli de «claironner son succès». Eh bien, cela convient parfaitement si vous gagnez votre vie en tant que Mlle Bonnes Manières. Mais dans le monde réel, quand il s'agit de faire des affaires et de l'argent, si vous ne claironnez pas votre succès, je vous assure que personne ne le fera. Les riches sont prêts à louanger leurs vertus et leur valeur auprès de qui voudra bien les entendre et faire des affaires avec eux du même coup.

Finalement, certaines personnes sont d'avis que la promotion *n'est pas digne* d'eux. J'appelle cela le syndrome du tout-puissant, connu autrement comme l'attitude du «Ne suis-je pas quelqu'un de vraiment spécial?» Dans ce cas-ci, on a le sentiment que, si les gens veulent ce que nous avons, c'est à eux de nous trouver et de venir vers nous. Une chose est certaine, les gens qui entretiennent cette croyance sont soit fauchés, soit sur le point de le devenir. Ils auront beau espérer que tout le monde fouille le pays à leur recherche, mais la vérité, c'est que le marché abonde en produits et en services, et même si les leurs sont les meilleurs, personne ne le saura jamais parce qu'ils sont trop prétentieux pour le dire à qui que ce soit.

Le monde s'empressera d'accourir si vous avez ce qu'il y a de mieux à offrir. Eh bien, cela n'est vrai que dans la mesure où on y ajoute «s'ils le savent».

Les riches sont presque toujours d'excellents promoteurs. Ils peuvent et veulent promouvoir leurs produits, leurs services et leurs idées avec passion et enthousiasme. Plus encore, ils excellent dans l'art d'emballer leur valeur de manière extrêmement attrayante. Si vous trouvez qu'il y a quelque chose de répréhensible dans cela, alors pourquoi ne pas interdire le maquillage pour femmes et les complets pour hommes, tant qu'on y est? Tout cela n'est qu'«emballage», après tout.

Robert Kiyosaki, auteur à succès de *Père riche, père pauvre* (un livre que je recommande vivement), fait remarquer que toute entreprise, y compris l'écriture de livres, dépend de la vente. Il souligne qu'on le reconnaît comme un auteur «best-*selling*» et non un auteur «best-*writing*». L'un est beaucoup mieux rémunéré que l'autre.

Les riches sont habituellement des leaders, et tous les grands leaders sont de grands promoteurs. Pour être un leader, on doit forcément avoir des adeptes et des supporters, ce qui signifie qu'on doit être capable de promouvoir, d'inspirer et de motiver des gens pour les amener à adopter sa vision de l'avenir. Même le président des États-Unis d'Amérique doit continuellement promouvoir ses idées auprès des gens, du Congrès, et même de son propre parti, pour qu'elles soient mises en application. Et bien avant que tout cela se produise, s'il ne fait pas pour commencer la promotion de *sa propre personne*, il ne se fera même jamais élire.

Bref, tout leader qui est incapable ou qui refuse de promouvoir ne restera pas leader pendant longtemps, que ce soit en politique, en affaires, dans les sports, ou même en tant que parent. Je reviens là-dessus parce que *les leaders gagnent beaucoup plus d'argent que ceux qui les suivent*!

PRINCIPE D'ENRICHISSEMENT :
Les leaders gagnent beaucoup plus d'argent
que ceux qui les suivent !

Ici, l'important n'est pas que vous aimiez ou non faire de la promotion, mais de savoir *pourquoi* vous en faites. Tout se résume à vos croyances. Croyez-vous réellement en votre valeur ? Croyez-vous réellement au produit ou au service que vous offrez ? Croyez-vous réellement que ce que vous avez sera avantageux pour la personne auprès de qui vous en faites la promotion ?

Si vous croyez en votre valeur, en quoi pourrait-il convenir de la cacher aux gens qui en ont besoin ? Supposons que vous possédiez un médicament contre l'arthrite, et que vous rencontriez quelqu'un qui souffre énormément d'arthrite. Lui cacheriez-vous ce moyen de le guérir ? Attendriez-vous que cette personne lise dans vos pensées ou devine que vous possédez un produit susceptible de lui venir en aide ? Que penseriez-vous de quelqu'un qui n'offrirait pas aux gens qui souffrent l'occasion d'obtenir le soulagement de leurs souffrances parce qu'il est trop timide, trop craintif ou trop cool pour faire de la promotion ?

Plus souvent qu'autrement, les gens qui ont un problème avec la promotion ne croient pas vraiment en leur produit ou ne croient pas vraiment en eux-mêmes. Par conséquent, ils ont du mal à imaginer que d'autres croient tellement en leur valeur qu'ils souhaitent la partager avec tous ceux qui croisent leur chemin et cela, d'autant de manières que possible.

Si vous croyez que ce que vous avez à offrir peut vraiment venir en aide aux gens, il est de votre devoir de le faire savoir à autant de gens que possible. Ainsi, non seulement vous viendrez en aide aux gens, mais encore vous deviendrez riche.

• **DÉCLARATION :** Mettez la main sur votre cœur et dites…
« Je fais la promotion de ma valeur auprès d'autrui avec passion et enthousiasme. »

Maintenant, touchez-vous la tête et dites :
« J'ai un esprit millionnaire. »

LES ACTIONS ISSUES DE L'ESPRIT MILLIONNAIRE

1. Évaluez le produit ou le service que vous offrez actuellement (ou que vous avez l'intention d'offrir) sur une échelle de 1 à 10, selon la mesure dans laquelle vous croyez en sa valeur (1 étant la note la plus faible et 10 étant la note la plus élevée). Si votre évaluation donne pour résultat une note entre 7 et 9, révisez votre produit ou votre service afin d'en augmenter la valeur. Si vous obtenez pour résultat une note de 6 ou moins, cessez d'offrir ce produit ou ce service et mettez-vous à représenter quelque chose en quoi vous croyez vraiment.

2. Lisez des livres, écoutez des cassettes audio et des CD, et suivez des cours portant sur le marketing et la vente. Deve-nez un expert dans ces deux domaines au point d'en venir à bien faire la promotion de votre valeur et cela, de manière parfaitement intègre.

Dossier financier intérieur n° 9
LES RICHES SONT PLUS GRANDS QUE LEURS PROBLÈMES.
LES PAUVRES SONT PLUS PETITS QUE LEURS PROBLÈMES.

Comme je l'ai dit plus tôt, devenir riche n'a rien à voir avec une promenade dans le parc. Il s'agit d'un voyage rempli de cour-bes, de virages, de détours et d'obstacles. La route qui mène à la richesse est parsemée de pièges et d'écueils, et c'est précisé-ment la raison pour laquelle la plupart des gens ne l'empruntent pas. Ils ne veulent pas des ennuis, des maux de tête et des res-ponsabilités qu'elle leur occasionnerait. Bref, ils ne veulent pas de problèmes.

Voilà d'ailleurs en quoi résident les plus grandes différen-ces qui existent entre les riches et les pauvres. Les gens riches et qui connaissent la réussite sont plus grands que leurs pro-blèmes, alors que les gens pauvres et qui ne connaissent pas la réussite sont plus petits que leurs problèmes.

Les pauvres feront presque tout pour éviter les problèmes. À la vue d'un défi, ils prennent leurs jambes à leur cou. L'ironie dans tout cela, c'est qu'en cherchant à éviter à tout prix les problèmes, ils se retrouvent confrontés au plus grand problème de tous… ils se retrouvent fauchés et misérables. Le secret de la réussite, mes amis, consiste non pas à tenter d'éviter, d'éliminer ou de fuir ses problèmes, mais à grandir de façon à devenir plus grand que n'importe quel problème.

PRINCIPE D'ENRICHISSEMENT :
Le secret de la réussite consiste non pas à tenter d'éviter, d'éliminer ou de fuir ses problèmes, mais à grandir de façon à devenir plus grand que n'importe quel problème.

Sur une échelle allant de 1 à 10, 1 étant la note la plus faible, imaginez que vous êtes quelqu'un dont la force de caractère et l'attitude sont de niveau 2 et qui fait face à un problème de niveau 5. Ce problème vous semblerait-il grand ou petit ? De la perspective du niveau 2, un problème de niveau 5 semblerait être un *grand* problème.

Imaginez maintenant que vous avez grandi et que vous avez atteint une stature de niveau 8. Le même problème de niveau 5 constitue-t-il un grand ou un petit problème pour vous ? Comme par magie, le même problème est maintenant devenu un petit problème.

Finalement, imaginez que vous avez travaillé vraiment dur pour grandir et que vous avez atteint une stature de niveau 10. Le même problème de niveau 5 constitue-t-il maintenant un grand ou un petit problème pour vous ? Réponse : ce n'est *plus du tout* un problème. Il ne s'enregistre pas même dans votre cerveau comme un problème. Il n'y a pas la moindre énergie négative autour de lui. Il ne s'agit plus que d'un événement normal avec lequel composer, comme se brosser les dents ou les cheveux.

Remarquez que, que vous soyez riche ou pauvre, que vous jouiez grand ou petit, les problèmes ne disparaissent pas d'eux-mêmes. Tant que vous respirerez, vous aurez toujours de soi-disant problèmes et obstacles dans votre vie. Permettez-moi d'être très bref. La taille du problème n'est jamais ce qui compte ; ce qui compte, c'est votre taille à vous !

Il se peut que cela soit pénible, mais si vous êtes prêt à passer au niveau de réussite suivant, vous allez devoir prendre conscience de ce qui se passe véritablement dans votre vie. Prêt ? Allons-y.

Si vous avez un grand problème dans votre vie, tout ce que cela signifie, c'est que vous vous comportez en petite personne ! Ne vous laissez pas berner par les apparences. Votre monde extérieur n'est que le reflet de votre monde extérieur. Si vous souhaitez y apporter un changement permanent, cessez de vous concentrer sur la taille de vos problèmes et mettez-vous à vous concentrer sur votre taille à vous !

PRINCIPE D'ENRICHISSEMENT :
Si vous avez un grand problème dans votre vie,
tout ce que cela signifie, c'est que vous vous
comportez en petite personne !

Voici un des rappels pas très subtils que je fais aux participants à mon séminaire : Quand vous avez l'impression d'avoir un grand problème, pointez-vous du doigt et exclamez-vous : « Petit moi, petit moi, petit moi ! » Cela vous réveillera abruptement et ramènera votre attention sur la bonne chose, à savoir sur vous-même. Ensuite, en puisant dans votre « moi supérieur » (plutôt que dans votre moi de victime fondée sur l'ego), inspirez profondément et décidez maintenant, à l'heure même, d'être une plus grande personne et de ne permettre à aucun problème ni obstacle de vous priver de votre bonheur ou de votre réussite.

Plus grands sont les problèmes que vous pouvez régler, plus grandes seront les affaires que vous pourrez faire ; plus grandes sont les responsabilités que vous pouvez assumer, plus grand sera le nombre d'employés que vous pourrez diriger ; plus grand est le nombre de clients avec qui vous pouvez composer, plus grande sera la quantité d'argent avec laquelle vous pourrez composer, et finalement plus grande sera la richesse avec laquelle vous pourrez composer.

Ici encore, votre richesse ne pourra croître qu'en fonction de votre propre croissance! Le but est de grandir jusqu'à en venir à pouvoir surmonter n'importe quel problème ou obstacle qui s'érige contre vos efforts pour faire fortune et pour la garder une fois que vous l'avez acquise.

Soit dit en passant, le fait de *garder* votre richesse est une toute autre question. Qui le savait? Certainement pas moi. Je pensais que, quand on l'avait acquise, c'était fait une fois pour toutes! Aïe, je suis tombé de haut quand je me suis mis à perdre mon premier million presque aussi vite que je l'avais gagné. Avec du recul, je comprends maintenant quel était le problème. À l'époque, mon «coffre à outils» n'était pas encore assez grand et assez solide pour contenir la richesse que j'avais obtenue. Heureusement encore une fois que je pratiquais les principes de l'esprit millionnaire et que j'étais capable de me conditionner de nouveau! Non seulement ai-je regagné ce million, mais en raison de mon nouveau «plan financier intérieur», j'en ai fait des millions et des millions de plus. Le meilleur de l'histoire, c'est que non seulement je l'ai gardé, mais encore j'ai continué de *grandir* à un rythme phénoménal!

Considérez-vous comme votre contenant à richesse. Si votre contenant est petit et que votre argent est grand, que se produira-t-il? Vous le perdrez. Votre contenant débordera et l'argent excédentaire se déversera partout. On ne peut tout simplement pas avoir plus d'argent que le contenant peut en contenir. Vous devez donc grandir jusqu'à devenir un grand contenant, afin de pouvoir non seulement *contenir* plus de richesse, mais encore *attirer* plus de richesse. L'univers a horreur du vide et, si vous avez un très grand contenant à argent, il s'empressera d'en combler le vide.

Une des raisons pour lesquelles les riches sont plus grands que leurs problèmes nous ramène à un sujet que nous avons abordé précédemment. Ils ne se concentrent pas sur le problème; ils se concentrent sur leur but. Rappelons que l'esprit se concentre habituellement sur une chose prédominante à la fois. Cela signifie que, soit que vous vous plaigniez du problème, soit que vous travailliez à le résoudre. Les gens riches et qui connaissent la réussite sont axés sur les solutions; ils consacrent leur temps et leur énergie à élaborer des stratégies et des plans qui leur permettront de relever les défis qui se présentent à eux, et à se créer des systèmes pour s'assurer que le problème ne se reproduira plus.

Les gens pauvres et qui ne connaissent pas la réussite sont axés sur les problèmes. Ils consacrent leur temps et leur énergie à maugréer et à se plaindre, et trouvent rarement un moyen créatif pour régler le problème, alors encore moins pour s'assurer que le problème ne se reproduira plus.

Les riches ne se laissent pas intimider par les problèmes, ils n'évitent pas les problèmes et ne se plaignent pas des problèmes. Les riches sont des guerriers financiers. Dans notre Enlightened Warrior Training Camp, nous définissons le guerrier comme «celui qui se conquiert lui-même».

En définitive, si vous passez maître dans l'art de régler des problèmes et de surmonter tout obstacle, qu'est-ce qui peut stopper votre réussite? Réponse: *rien*! Et si rien ne peut vous arrêter, vous devenez *impossible à arrêter*! Et si vous devenez impossible à arrêter, quels choix avez-vous dans la vie? Réponse: *tous* les choix. Si vous êtes impossible à arrêter, tout s'offre à vous. Vous n'avez qu'à le choisir, et il devient vôtre! Que pensez-vous de ce type de liberté?

• **DÉCLARATION:** Mettez la main sur votre cœur et dites…
« Je suis plus grand que n'importe quel problème. »
« Je peux régler n'importe quel problème. »

Maintenant, touchez-vous la tête et dites:
« J'ai un esprit millionnaire. »

LES ACTIONS ISSUES DE L'ESPRIT MILLIONNAIRE

1. Quand un « grand » problème vous contrarie, pointez-vous du doigt et dites-vous : « Petit moi, petit moi, petit moi ! » Ensuite, inspirez profondément et dites-vous : « Je peux y faire face. Je suis plus grand que n'importe quel problème. »

2. Écrivez un problème que vous avez dans la vie. Inscrivez ensuite dix actions que vous pouvez entreprendre pour régler la situation ou du moins l'atténuer. Cela vous permettra de cesser de penser au problème pour penser à la solution. Premièrement, vous aurez de fortes chances de résoudre le problème. Deuxièmement, vous vous sentirez beaucoup mieux.

Dossier financier intérieur n° 10
LES RICHES SAVENT TRÈS BIEN RECEVOIR.
LES PAUVRES SAVENT TRÈS MAL RECEVOIR.

Si je devais identifier la raison principale pour laquelle la plupart des gens n'exploitent pas leur potentiel financier au maximum, je dirais qu'il s'agit de celle-ci : la plupart des gens ne savent pas recevoir. Il se peut qu'ils savent ou non donner, mais une chose est certaine, ils ne savent pas recevoir. Et comme ils ne savent pas recevoir, ils ne reçoivent pas !

Les gens ont de la difficulté à recevoir pour plusieurs raisons. Premièrement, beaucoup de gens ont le sentiment de ne pas en être dignes ou de ne pas le mériter. Ce syndrome est monnaie courante dans notre société. Je dirais que plus de 90 p. cent des gens ont le sentiment de ne pas être assez bons en soi.

À quoi doivent-ils cette mauvaise estime de soi ? Comme toujours, à leur conditionnement. Dans le cas de la plupart d'entre nous, il nous vient du fait d'entendre vingt non pour chaque oui, dix « tu t'y prends mal » pour chaque « tu t'y prends bien » et cinq « tu es stupide » pour chaque « tu es formidable ».

Même si nos parents nous soutenaient incroyablement bien, beaucoup d'entre nous aboutissent avec le sentiment de ne pas être à la hauteur de leurs pairs ni de satisfaire aux attentes la majeure partie du temps. Alors encore une fois, ils ne se sentent pas assez bons.

De plus, la plupart d'entre nous ont grandi avec l'élément de punition dans leur vie. Cette règle non écrite énonce simplement que, si l'on fait quelque chose de mal, on sera ou on devrait être puni. Certains d'entre nous se sont fait punir par leurs parents, d'autres par leurs professeurs… d'autres encore, dans certains cercles religieux, se sont fait menacer du châtiment ultime, celui de ne pas aller au ciel.

Bien entendu, maintenant que nous sommes adultes, tout cela est terminé. N'est-ce pas ? Faux ! Chez la plupart des gens, le conditionnement du châtiment est si enraciné que, étant donné qu'il n'y a personne autour d'eux pour les punir lorsqu'ils font une erreur ou qu'ils sont simplement imparfaits, ils se punissent eux-mêmes inconsciemment. Quand ils étaient jeunes, il se peut que cette punition se soit exprimée ainsi : « Tu as mal agi, alors tu n'auras pas de bonbons. » Aujourd'hui, cependant, elle pourrait s'exprimer ainsi : « Tu as mal agi, alors tu n'auras pas d'argent. » Cela explique que certaines personnes limitent leurs revenus, et que d'autres sabotent inconsciemment leurs chances de réussite.

Rien d'étonnant à ce qu'on ait de la difficulté à recevoir. Une seule petite erreur, et on est voué à porter le fardeau de la misère et de la pauvreté pour le reste de sa vie. « C'est un peu cruel », dites-vous ? Et depuis quand l'esprit est-il logique ou compatissant ? Rappelons-nous que l'esprit conditionné est un dossier renfermant des programmations passées, des significations déjà établies, et des histoires de drame et de désastre. « Avoir du sens » ne compte pas parmi ses points forts.

Voici quelque chose que j'enseigne dans mes séminaires qui pourrait bien vous amener à vous sentir mieux. En fin de compte, peu importe qu'on se sente digne ou non, on peut être riche d'une manière ou d'une autre. Il y a beaucoup de gens fortunés qui ne se sentent pas particulièrement dignes. En fait, il s'agit d'un des motifs principaux pour lesquels les gens veulent devenir riches… afin de se prouver à eux-mêmes et aux autres qui ils sont et leur valeur. L'idée selon laquelle la confiance en soi est nécessaire à la valeur nette est exactement cela, une idée, mais qui ne tient pas forcément la route dans le monde réel. Comme nous l'avons dit précédemment, il se peut que le fait de devenir riche pour prouver qui vous êtes ne fasse pas particulièrement votre bonheur, alors il vaut mieux que vous fassiez fortune pour d'autres raisons. Mais ce qui importe ici, c'est que vous réalisiez que votre sentiment d'indignité ne vous empêchera pas de devenir riche ; d'un point de vue strictement financier, il pourrait s'agir en fait d'un atout qui vous motivera à le devenir.

Cela dit, je veux que vous compreniez parfaitement bien ce que je vais vous confier. Il se pourrait fort bien que ce soit l'un des moments les plus importants de votre vie. Êtes-vous prêt à l'entendre ? Allons-y, alors.

Reconnaissez une chose : que vous soyez digne ou non de devenir riche n'est qu'une «histoire» déjà établie. Rappelez-vous que rien n'a d'autre sens que celui qu'on lui donne. Je ne sais pas pour vous, mais moi, je n'ai jamais entendu dire que quelqu'un se soit déjà trouvé dans la file «d'estampillage» à la naissance. Voyez-vous Dieu en train d'estamper le front de chaque personne de la file ? «Digne… indigne… digne, digne… indigne. Berk… absolument indigne.» Désolé, je ne crois pas que les choses fonctionnent ainsi. Il n'y a personne qui vienne vous marquer comme étant «digne» ou «indigne». Vous le faites vous-même. Vous vous l'imaginez. Vous le décidez. Vous, et vous seul, déterminez si vous serez digne. Ce n'est que votre perspective à vous. Si vous dites être digne, vous l'êtes. Si vous dites ne pas être digne, vous ne l'êtes pas. D'une manière ou d'une autre, vous vivrez votre propre histoire. Ce fait est d'ailleurs si crucial que je vais le répéter : vous vivrez votre propre histoire. C'est aussi simple que cela.

PRINCIPE D'ENRICHISSEMENT :
Si vous dites être digne, vous l'êtes. Si vous dites ne pas être digne, vous ne l'êtes pas. D'une manière ou d'une autre, vous vivrez votre propre histoire.

Pourquoi les gens se font-ils donc cela à eux-mêmes ? Pourquoi les gens se fabriquent-ils une histoire selon laquelle ils ne sont pas dignes ? C'est tout simplement dans la nature de l'esprit humain, la partie protectrice de nous-mêmes, de toujours chercher à savoir ce qui cloche. Avez-vous déjà remarqué que l'écureuil ne se soucie pas de ces choses ? Pouvez-vous imaginer un écureuil en train de dire : « Je ne vais pas amasser beaucoup de noix cette année en prévision de l'hiver parce que je n'en suis pas digne » ? C'est peu probable, car ces créatures de faible intelligence ne se font jamais cela à eux-mêmes. Seule la créature la plus évoluée de la planète, l'être humain, a la capacité de se limiter de la sorte.

J'ai pour habitude de dire : « Si un chêne de trente mètres de haut avait eu l'esprit d'un humain, il n'aurait atteint que trois mètres de hauteur ! » Alors, voici ce que je vous suggère : étant donné qu'il vous serait beaucoup plus facile de changer votre histoire que votre dignité, plutôt que de vous soucier de changer votre dignité, changez donc votre histoire. Cela se fera beaucoup plus rapidement et à bien meilleur prix. Vous n'avez qu'à vous fabriquer une nouvelle histoire qui vous valorisera beaucoup plus, et vivre en fonction d'elle.

« Oh, mais je ne pourrais pas faire ça, me direz-vous. Je ne suis pas qualifié pour décider de ma dignité. Ça doit venir de quelqu'un d'autre.» Désolé, vous répondrai-je, ce n'est pas tout à fait vrai, ce qui est une façon polie de dire : «Foutaise !» Ce qu'on vous dit ou qu'on a pu vous dire par le passé ne ferait aucune différence, parce que vous devez y croire et y adhérer pour que cette histoire ait un effet quelconque, ce qui ne peut venir que de vous-même. Mais simplement pour que vous vous sentiez mieux, jouons le jeu et je ferai pour vous ce que je fais pour des milliers de participants durant le Millionaire Mind Intensive Seminar : je vous sacrerai personnellement.

PRINCIPE D'ENRICHISSEMENT :
« Si un chêne de trente mètres de haut avait eu
l'esprit d'un humain, il n'aurait atteint
que trois mètres de hauteur ! »
—T. Harv Eker

Il s'agit d'une cérémonie spéciale, alors je vais vous demander de faire abstraction en ce moment de toute source de distraction. Arrêtez de mâcher, arrêtez de parler au téléphone et arrêtez tout le reste. Vous, les hommes, si vous le voulez, vous pouvez passer complet cravate, bien que le smoking soit tout indiqué. Et puis vous, les femmes, une robe de soirée et des talons hauts seraient parfaits. Et si vous n'avez rien qui soit chic ou d'assez neuf, ce serait très certainement l'occasion pour vous de vous acheter une toute nouvelle robe, griffée de préférence.

Si vous êtes tous prêts, nous pouvons commencer. Veuillez vous agenouiller sur un genou et incliner la tête avec respect. Prêt ? Allons-y. «PAR LE POUVOIR QUI M'A ÉTÉ CONFÉRÉ, JE VOUS SACRE "DIGNE" À COMPTER D'AUJOURD'HUI ET POUR TOUJOURS !»

Ok, c'est fait. Vous pouvez maintenant vous relever et vous tenir la tête haute, car vous êtes enfin digne. Voici un sage conseil pour vous : arrêtez d'adhérer à cette foutaise de « dignité » et d'« indignité », et mettez-vous enfin à faire le nécessaire pour devenir riche !

La deuxième raison principale pour laquelle la plupart des gens ont de la difficulté à recevoir, c'est qu'ils ont cru au dicton : « Il vaut mieux donner que recevoir. » Permettez-moi de m'exprimer avec autant d'éloquence que possible : « Quelle idiotie ! » Cette affirmation n'est que pure foutaise, et au cas où vous ne l'auriez pas encore remarqué, elle est habituellement répandue par des gens et des groupes qui veulent que vous donniez pour qu'ils puissent recevoir.

Toute l'idée est ridicule. Qu'est-ce qui est mieux, chaud ou froid, gros ou petit, gauche ou droite, intérieur ou extérieur ? Donner et recevoir constituent les deux côtés d'une même médaille. La personne qui a décidé qu'il valait mieux donner que recevoir n'avait tout simplement pas la bosse des maths. En effet, pour chaque donneur il doit y avoir un receveur, et pour chaque receveur il doit y avoir un donneur.

PRINCIPE D'ENRICHISSEMENT :
Pour chaque donneur il doit y avoir un receveur, et pour chaque receveur il doit y avoir un donneur.

Réfléchissez-y ! Comment pourriez-vous donner quoi que ce soit s'il n'y avait personne ni rien pour le recevoir ? Les deux doivent être en parfait équilibre pour travailler l'un avec l'autre, en faisant la part qui lui revient. Et étant donné que donner et recevoir doivent toujours s'équivaloir l'un l'autre, ils doivent toujours s'égaler l'un l'autre par leur importance.

D'ailleurs, comment se sent-on quand on donne ? La plupart d'entre nous seraient d'accord pour dire que donner procure un sentiment merveilleux et satisfaisant. À l'inverse, comment se sent-on quand on souhaite donner et que l'autre n'est pas disposé à recevoir ? La plupart d'entre nous seraient d'accord pour dire qu'on se sent terriblement mal. Alors sachez une chose : si vous n'êtes pas prêt à recevoir, alors vous « volez » ceux qui souhaitent vous donner quelque chose.

Vous leur refusez en réalité la joie et le plaisir que procure le fait de donner ; au lieu de cela, ils se sentent moches. Pourquoi ? Encore une fois, tout est énergie, et quand on veut donner mais qu'on ne le peut pas, cette énergie ne peut s'exprimer et reste captive en soi. Cette énergie « captive » se transforme alors en émotions négatives.

Pour empirer les choses, si vous n'êtes pas disposé à recevoir pleinement, vous enseignez à l'univers à ne rien vous donner ! Le principe est simple : si vous n'êtes pas disposé à recevoir votre part, elle ira à quelqu'un d'autre qui y est disposé. C'est d'ailleurs une des raisons pour lesquelles les riches s'enrichissent et les pauvres s'appauvrissent. Ce n'est pas qu'ils soient plus dignes, mais parce qu'ils sont disposés à recevoir alors que la plupart des pauvres ne le sont pas.

J'ai appris cette leçon de manière spectaculaire tandis que je campais tout seul dans la forêt. Pour préparer mon séjour de deux jours, j'ai bâti ce qu'on appelle un appentis. J'ai donc attaché la partie supérieure d'une bâche à un arbre et la partie inférieure au sol, afin de créer un toit à quarante-cinq degrés au-dessus de ma tête pour dormir. Heureusement que je me suis bâti ce condo miniature, car il a plu toute la nuit. Quand je suis sorti de mon abri le matin suivant, j'ai remarqué que j'étais bien sec, et que tout ce qui se trouvait sous le toit l'était aussi. Mais en même temps, je n'ai pu m'empêcher de remarquer la flaque d'eau curieusement profonde qui s'était formée au bas du toit. Soudain, j'ai entendu ma voix intérieure me dire : « La nature est parfaitement abondante, mais non discriminatoire. Lorsque la pluie tombe, elle doit aller quelque part. Si un endroit est sec, un autre sera doublement mouillé. » En regardant la flaque, j'ai réalisé que c'est exactement la façon dont les choses fonctionnent avec l'argent. Il y en a en abondance, des milliards de milliards de dollars qui circulent, selon une abondance définie, et qui doit se rendre quelque part. Ainsi donc, si quelqu'un n'est pas disposé à recevoir sa part, cette dernière doit aller à la personne qui sera disposée à la recevoir. La pluie ne se préoccupe pas de savoir qui la reçoit, pas plus que l'argent ne s'en préoccupe.

À ce stade-là du Millionaire Mind Intensive Seminar, j'enseigne aux gens la prière spéciale que je me suis composée après avoir fait l'expérience de l'appentis. Bien entendu, elle est un peu rigolote, mais la leçon n'en reste pas moins évidente. La voici : « Univers, si quelqu'un a une chose extraordinaire qui lui est réservée et qu'il n'est pas disposé à la recevoir, envoie-la-moi ! Je suis prêt et disposé à recevoir toutes tes bénédictions. Merci. » Je demande à tout l'auditoire de répéter cette prière après moi, et il se défoule ! Les participants s'y emploient avec enthousiasme, car c'est formidable d'être pleinement disposé à recevoir et c'est tout à fait naturel de l'être. Tout ce que vous avez pu inventer qui soit contraire à ce principe n'est une fois de plus qu'une « histoire » qui joue contre vous et contre tout le monde. Laissez aller votre histoire et laissez venir votre argent.

Les riches travaillent dur et croient qu'il convient parfaitement pour eux de bien se faire récompenser pour leurs efforts et la valeur qu'ils apportent aux autres. Les pauvres travaillent dur, mais parce qu'ils se sentent indignes, ils croient qu'il ne convient pas pour eux de bien se faire récompenser pour leurs efforts et la valeur qu'ils apportent. Cette croyance les amène à devenir les victimes parfaites et, bien entendu, comment être une « bonne » victime si on est bien récompensé ?

Beaucoup de pauvres se croient en fait meilleurs parce qu'ils sont pauvres. Ils se croient plus pieux et plus spirituels ou mieux que les autres. Ridicule ! La seule chose que sont les pauvres, c'est pauvres. Un jour, un homme en larmes m'a abordé dans le cadre de mon cours. Il m'a dit : « Je ne vois pas du tout comment je pourrais me sentir bien d'avoir beaucoup d'argent quand tant de gens en ont si peu.» Je lui ai alors posé quelques questions simples : «Quel bien faites-vous aux pauvres en étant des leurs ? Qui aidez-vous en étant fauché ? N'êtes-vous pas simplement une autre bouche à nourrir ? Ne seriez-vous pas plus efficace en vous enrichissant vous-même, afin de pouvoir ensuite venir réellement en aide à d'autres, en position de force plutôt qu'en position de faiblesse ?»

Il s'est arrêté de pleurer et m'a dit : «Pour la première fois, j'ai compris. Je n'arrive pas à croire toutes les stupidités que j'ai pu croire. Harv, je crois que l'heure est venue pour moi de devenir riche et, chemin faisant, d'aider d'autres personnes. Merci.» Il est retourné à son siège, transformé. J'ai reçu un courriel de lui il n'y a pas longtemps dans lequel il me disait qu'il gagnait dix fois ce qu'il gagnait auparavant et que cela lui procurait énormément de bonheur. Le meilleur de l'histoire, me disait-il, c'est qu'il trouvait extraordinaire d'être en mesure de venir en aide à certains de ses amis et membres de sa famille qui éprouvaient encore des difficultés.

Cela m'amène à un point important : Si vous avez ce qu'il faut pour faire beaucoup d'argent, faites-en beaucoup. Pourquoi ? Parce qu'à dire vrai nous sommes très privilégiés de vivre dans cette société, une société dans laquelle chaque personne est riche en fait, en comparaison avec beaucoup d'autres parties du monde. Certaines personnes n'ont pas même la possibilité de faire beaucoup d'argent. Si vous comptez parmi les gens qui ont la chance d'avoir cette possibilité, et chacun de vous l'a sinon vous ne seriez pas en train de lire un livre comme celui que vous avez entre les mains, alors employez au mieux tous les moyens qui sont à votre disposition. Devenez vraiment riche et aidez ensuite des gens qui n'ont pas eu les possibilités que vous avez eues. À mon avis, cela a beaucoup plus de sens que d'être fauché et de n'aider personne.

Bien entendu, il y a des gens qui me diront : «L'argent va me changer. Si je deviens riche, je risque de devenir un de ces avares stupides. » Premièrement, les seules personnes qui disent une telle chose sont pauvres. Ce n'est rien de plus qu'un moyen pour eux de justifier leur échec, qui provient d'une des nombreuses mauvaises herbes de leur jardin financier « intérieur ». N'en croyez rien !

Deuxièmement, permettez-moi de mettre les choses au point. L'argent vous rendra simplement plus que ce que vous êtes déjà. Si vous êtes méchant, l'argent vous donnera les moyens d'être plus méchant encore. Si vous êtes gentil, l'argent vous donnera les moyens d'être plus gentil encore. Si vous êtes un imbécile, avec de l'argent vous pourrez l'être encore plus. Si vous êtes généreux, le fait d'avoir plus d'argent vous permettra simplement de l'être plus encore. Et toute personne qui dira autrement est fauchée !

PRINCIPE D'ENRICHISSEMENT :
*L'argent vous rendra simplement plus
que ce que vous êtes déjà.*

Alors, que faire ? Comment devenir quelqu'un qui sait recevoir ?

Premièrement, commencez par vous faire du bien à vousmême. Rappelez-vous que les gens sont des créatures qui ont leurs petites habitudes et que, par conséquent, vous devrez vous exercer consciemment à recevoir ce que la vie a de meilleur à offrir.

Un des éléments clés du système de gestion de l'argent que nous enseignons dans le Millionaire Mind Intensive Seminar consiste à tenir un compte « jeu » qui vous permet de dépenser une certaine somme d'argent sur des choses qui vous font du bien et vous font vous « sentir au septième ciel ». L'idée de ce compte est de vous aider à valider votre dignité et à renforcer vos « muscles de réception ».

Deuxièmement, je veux que vous vous exerciez à déborder d'enthousiasme et de gratitude chaque fois que vous trouverez ou recevrez de l'argent, quel qu'en soit le montant. C'est drôle, quand j'étais fauché et que je trouvais une pièce de monnaie par terre, je ne m'abaissais jamais à la ramasser. Maintenant que je suis riche, toutefois, je ramasse tout ce qui ressemble un tant soit peu à de l'argent. Je l'embrasse pour que la chose me porte chance et je déclare à voix haute: «Je suis un aimant à argent. Merci, merci, merci.»

Je ne me tiens pas là à en déterminer la devise. De l'argent, c'est de l'argent; et trouver de l'argent, c'est une bénédiction de l'univers. Maintenant que je suis pleinement disposé à recevoir tout ce qui se présente à moi, je reçois tout!

Le fait d'être ouvert et disposé à recevoir est absolument essentiel si vous souhaitez faire fortune. C'est également essentiel si vous voulez la garder. Si vous savez mal recevoir et que vous recevez une somme d'argent importante, vous risquerez de la voir s'envoler rapidement. Encore une fois, «d'abord l'intérieur, puis l'extérieur». D'abord, agrandissez votre «coffre» de réception. Ensuite, regardez l'argent s'y déverser pour le remplir.

Rappelez-vous, l'univers a horreur du vide. Autrement dit, un espace vide se fera toujours remplir. Avez-vous déjà remarqué ce qui se produit dans le cas d'une penderie ou d'un garage vide? Il ne reste habituellement pas vide longtemps, n'est-ce pas? Avez-vous déjà remarqué aussi combien il est étrange qu'on prend toujours pour accomplir une tâche le temps qui lui est alloué? Lorsque vous aurez accru votre capacité de recevoir, vous recevrez.

De même, lorsque vous serez vraiment ouvert à recevoir, le reste de votre vie s'ouvrira. Non seulement vous recevrez plus d'argent, mais encore vous recevrez plus d'amour, plus de paix, plus de bonheur et plus de satisfaction. Pourquoi? En raison d'un autre principe dont je me sers continuellement:

«La manière dont on fait quoi que ce soit est la manière dont ont fait tout. »

PRINCIPE D'ENRICHISSEMENT :
La manière dont on fait quoi que ce soit est la manière dont on fait tout.

La manière dont on est dans un domaine est habituellement la manière dont on est dans tous les domaines. Si vous avez refusé de recevoir de l'argent, vous risquez d'avoir refusé de recevoir toute autre bonne chose dans la vie. L'esprit n'indique habituellement pas de manière précise ce en quoi vous ne savez pas bien recevoir. En fait, c'est tout le contraire : l'esprit à tendance à beaucoup généraliser et à nous faire dire : «Les choses sont comme elles sont, partout et toujours. »

Si vous savez mal recevoir, vous savez mal recevoir dans tous les domaines. La bonne nouvelle, c'est qu'en devenant quelqu'un qui sait vraiment bien recevoir, vous saurez vraiment bien recevoir partout... et vous serez ouvert à recevoir tout ce que l'univers a à vous offrir dans tous les domaines de la vie.

Maintenant, la seule chose que vous devrez vous rappeler, c'est de toujours dire «merci» quand vous recevrez chacune de vos bénédictions.

- **DÉCLARATION :** Mettez la main sur votre cœur et dites...
  «Je sais vraiment bien recevoir. Je suis ouvert et disposé à accueillir d'énormes sommes d'argent dans ma vie. »

Maintenant, touchez-vous la tête et dites :
«J'ai un esprit millionnaire. »

LES ACTIONS ISSUES DE L'ESPRIT MILLIONNAIRE

1. Exercez-vous à très bien recevoir. Chaque fois que quelqu'un vous fera n'importe quel compliment, dites-lui simplement « merci ». Ne lui faites pas de compliment en même temps. Cela vous permettra de recevoir pleinement et de vous approprier ce compliment plutôt que de « l'éviter », comme la plupart des gens le font. Cela permettra également à la personne qui vous le fait d'avoir la joie de le donner sans se le faire renvoyer.

2. Tout argent, et je dis bien *tout*, que vous trouvez ou que vous recevez devrait être célébré avec enthousiasme. Allez-y. Criez à tue-tête : « Je suis un aimant à argent. Merci. Merci. Merci. » Cela va pour l'argent que vous trouvez par terre, pour l'argent que vous recevez en cadeau, pour l'argent que vous obtenez du gouvernement, pour l'argent que vous obtenez sous forme de chèques de paye et pour l'argent que vous procure votre entreprise. Rappelez-vous que l'univers est réglé de manière à vous soutenir. Si vous ne cessez de déclarer que vous êtes un aimant à argent, et surtout si vous en avez la preuve, l'univers vous dira simplement « Ok » et vous en enverra plus encore.

3. Choyez-vous. Au moins une fois par mois, faites quelque chose de spécial pour vous faire du bien, à vous et à votre esprit. Faites-vous faire un massage, une manucure, une pédicure, payez-vous un repas extravagant, louez un bateau ou un chalet pour un week-end, faites-vous apporter le petit déjeuner au lit un matin. (Il se peut que vous deviez rendre la pareille à un ami ou à un membre de la famille.) Faites des choses qui vous donneront le sentiment d'être riche et de le mériter. Encore une fois, l'énergie vibrante que vous émettrez par ce type d'expérience enverra un message à l'univers selon lequel

vous vivez dans l'abondance et, de nouveau, l'univers fera simplement son travail en vous disant «Ok» et en vous fournissant la possibilité d'obtenir plus encore.

Dossier financier intérieur n° 11
LES RICHES CHOISISSENT DE SE FAIRE RÉMUNÉRER EN FONCTION DE LEURS RÉSULTATS.
LES PAUVRES CHOISISSENT DE SE FAIRE RÉMUNÉRER EN FONCTION DE LEUR TEMPS.

Avez-vous déjà entendu ce conseil : « Va à l'école, obtiens de bons résultats scolaires, décroche un bon emploi, obtiens un chèque de paye régulier, sois prompt, travaille dur… et tu vivras heureux pour toujours » ? J'ignore ce que vous en pensez, mais en ce qui me concerne, j'aimerais vraiment en voir la garantie écrite. Malheureusement, ce sage conseil sort tout droit du *Livre des comptes de fées, volume I*, et vient juste après l'histoire de la fée de la dent de lait.

Je ne me donnerai pas la peine de démentir toute l'affirmation. Vous y arriverez très bien par vous-même en vous rappelant votre propre vécu et la vie de tous ceux qui vous entourent. Ce dont je vous parlerai, c'est de l'idée qui sous-tend le chèque de paye «régulier». Il n'y a rien de mal à toucher un chèque de paye régulièrement, à moins que cela nuise à la capacité qu'on a de gagner ce qu'on vaut. L'ennui, c'est que c'est habituellement le cas.

PRINCIPE D'ENRICHISSEMENT :
Il n'y a rien de mal à toucher un chèque de paye régulièrement, à moins que cela nuise à sa capacité de gagner ce qu'on vaut. L'ennui, c'est que c'est habituellement le cas.

Les pauvres préfèrent se faire rémunérer selon un salaire régulier ou un taux horaire. Ils ont besoin de la «sécurité» que leur procure le fait de savoir qu'ils recevront exactement le même montant d'argent exactement au même moment tout au long du mois. Ce qui leur échappe, c'est que cette sécurité a son prix. Elle leur coûte la richesse.

Vivre de manière à être en sécurité, c'est vivre dans la peur. Ce que vous vous dites, en réalité, c'est: «Je crains de ne pas arriver à gagner suffisamment d'argent par mon rendement, alors je vais faire en sorte d'en gagner juste assez pour survivre ou pour être à l'aise.»

Les riches préfèrent se faire rémunérer selon les résultats qu'ils obtiennent, si ce n'est en entier, du moins en partie. Les riches possèdent habituellement leur propre entreprise dans une certaine mesure. Ils obtiennent leur revenu à partir de leurs bénéfices. Les riches travaillent à commission ou en fonction d'un pourcentage des bénéfices. Ils choisissent des options d'achat d'actions et une participation aux bénéfices plutôt que des salaires plus élevés. Or, vous remarquerez qu'aucune de ces possibilités ne s'accompagne d'une garantie. Comme nous l'avons mentionné précédemment, dans le monde financier, les récompenses sont généralement proportionnelles aux risques.

Les riches croient en eux-mêmes. Ils croient en leur valeur et en leur capacité de la mettre à profit. Il n'en va pas de même dans le cas des pauvres. C'est pourquoi ils ont besoin de «garanties».

Dernièrement, j'ai eu affaire à une consultante en relations publiques qui voulait se faire verser 4 000 $ par mois. Je lui ai demandé ce que je recevrais en retour de mes 4 000 $. Elle m'a répondu que je verrais pour au moins 20 000 $ par mois de publicité dans les médias. Je lui ai alors demandé: «Et si vous ne me procurez pas ces résultats ou quoi que ce soit qui leur ressemble?» Elle m'a répondu qu'elle y consacrerait tout de même le temps, ce qui justifierait sa rémunération.

Je lui ai répondu: «Je ne vois pas l'intérêt de vous payer votre temps. Ce qui m'intéresse, c'est de vous payer en vue d'un résultat spécifique, et si vous ne m'obtenez pas ce résultat, pourquoi devrais-je vous payer? Par contre, si vous me procurez des résultats encore meilleurs, vous devriez vous faire payer davantage. Faisons un marché, je vous donnerai cinquante pour cent de la valeur que vous me procurez par les médias. Selon vos chiffres, je vous verserai dix mille dollars par mois, ce qui représente plus que le double de ce que vous me demandez actuellement»

A-t-elle accepté mon marché? Non! Est-elle fauchée? Oui! Et elle le sera le reste de sa vie ou jusqu'à ce qu'elle comprenne que, pour devenir riche, on doit se faire payer en fonction de ses résultats.

Les pauvres échangent leur temps contre de l'argent. Le problème avec cette stratégie, c'est que notre temps est limité. Cela signifie qu'on en vient invariablement à transgresser la Règle d'enrichissement n° 1: «Ne mettez jamais de plafond à votre revenu.» Si vous choisissez de vous faire rémunérer pour votre temps, vous tuez en fait vos chances de faire fortune.

PRINCIPE D'ENRICHISSEMENT: Ne mettez jamais de plafond à votre revenu.

Cette règle s'applique également aux entreprises de services personnels, qui, encore une fois, se font habituellement payer pour leur temps. Voilà pourquoi les avocats, les comptables et les consultants qui ne sont pas encore associés de leur firme – et qui n'ont donc pas part aux bénéfices de leur firme – en viennent à gagner modérément bien leur vie, dans le meilleur des cas.

Supposons que vous soyez dans le domaine des stylos et qu'on vous passe une commande pour cinquante mille stylos. Si c'était le cas, que feriez-vous ? Vous appelleriez tout simplement votre fournisseur, vous lui commanderiez cinquante mille stylos, vous les expédieriez et vous compteriez ensuite vos profits avec bonheur. Par contre, supposons que vous soyez massothérapeute et que vous ayez la chance d'avoir cinquante mille personnes à votre porte qui attendent de se faire masser par vous. Que faites-vous ? Vous vous tuez à la tâche parce que vous n'êtes pas dans le domaine des stylos. Que pouvez-vous faire d'autre ? Essayer d'expliquer à la dernière personne dans la file qu'il se peut que vous ayez «un peu de retard», et que leur rendez-vous aura donc lieu un mardi à 15 h 30 dans quatre décennies !

Je ne suis pas en train de dire qu'il est répréhensible d'être dans le domaine des services personnels. C'est seulement que vous ne devez pas vous attendre à faire fortune rapidement, à moins que vous trouviez le moyen de vous multiplier ou d'appliquer l'effet de levier à votre rendement.

Durant mes séminaires, je rencontre souvent des salariés qui viennent se plaindre de ce qu'ils ne se font pas rémunérer en fonction de ce qu'ils valent. Ma réponse : « Selon l'opinion de qui ? Je suis certain que votre patron pense que vous êtes rémunéré de manière équitable. Pourquoi ne descendez-vous pas du tapis roulant du salaire pour demander qu'on vous rémunère en partie ou en entier selon votre rendement ? Ou bien, si ce n'est pas possible, pourquoi ne pas travailler à votre compte ? Vous saurez alors que vous faites exactement ce que vous valez. » Mais ce conseil ne semble pas apaiser ces gens, qui sont manifestement terrifiés à l'idée de mettre à l'épreuve leur «vraie» valeur sur le marché.

La crainte que la plupart des gens ont de se faire rémunérer en fonction de leurs résultats n'est souvent que la crainte de sortir du cadre de leur ancien conditionnement. L'expérience m'a montré que la plupart des gens qui sont pris dans le bourbier du chèque de paye régulier sont captifs d'une programmation passée qui leur indique qu'il s'agit là de la façon «normale» de se faire rémunérer pour son travail.

Vous ne pouvez blâmer vos parents. (J'imagine que vous le pouvez, si vous êtes une bonne victime.) La plupart des parents ont tendance à être trop protecteurs, c'est donc tout à fait naturel pour eux de vouloir que leurs enfants vivent en sécurité. Comme vous l'avez probablement déjà réalisé, tout travail qui ne génère pas de chèque de paye régulier génère habituellement la sempiternelle réponse parentale : «Quand vas-tu enfin te trouver un vrai travail?»

Je me rappelle quand mes parents m'ont posé cette question, heureusement que je leur ai répondu : «Jamais, je l'espère!» Ma mère était déconcertée. Par contre, mon père m'a dit : « Tu as raison. Tu ne deviendras jamais riche à travailler à salaire fixe pour quelqu'un d'autre. Si tu dois te trouver un travail, autant te faire rémunérer au pourcentage. Autrement, vaut mieux que tu travailles à ton compte ! »

Je vous encourage aussi à travailler «à votre compte». Démarrez votre propre entreprise, travaillez à commission, obtenez un pourcentage du revenu ou des bénéfices de la société ou obtenez des options d'achat d'actions. Par un moyen ou par un autre, faites le nécessaire pour vous faire rémunérer en fonction de vos résultats.

Personnellement, je suis d'avis que presque tout le monde devrait posséder sa propre entreprise, que ce soit à temps plein ou à temps partiel. La raison première de cela, et de loin, c'est que *la grande majorité des millionnaires sont devenus riches en travaillant à leur propre compte.*

Deuxièmement, il est extrêmement difficile de faire fortune quand le fisc rafle presque la moitié de ce qu'on gagne. Quand on est propriétaire d'une entreprise, on peut économiser une petite fortune en impôts en déduisant une partie de ses dépenses pour des choses comme la voiture, les déplacements, l'instruction, et même la maison. Rien que pour cette raison, il est avantageux d'avoir sa propre entreprise.

Si on n'a pas d'idée brillante en matière d'entreprise, il n'y a pas lieu de s'en inquiéter : on peut toujours utiliser celle de quelqu'un d'autre. Premièrement, on peut devenir un vendeur à commission. La vente est une des professions parmi les mieux rémunérées au monde. Si vous y excellez, vous pourrez faire fortune. Deuxièmement, on peut se joindre à une société réseautrice. Il y en a d'excellentes par dizaines, et elles disposent déjà de tous les produits et de tous les systèmes dont vous avez besoin pour vous lancer immédiatement dans la vente. Pour seulement quelques dollars, vous pouvez devenir un distributeur et profiter de tous les avantages que comporte le fait de posséder une entreprise, moyennant peu de tracas administratifs.

Si cette aventure vous convient, le marketing de réseau pourra devenir un moyen pour vous de devenir extraordinairement riche. Mais, et il s'agit d'un grand mais, n'allez pas penser un seul instant que les choses se feront toutes seules. Le marketing de réseau ne fonctionnera pour vous qu'à condition que vous travailliez. Il vous faudra une formation, du temps et de l'énergie pour réussir. Mais si vous faites le nécessaire, il ne sera pas rare que vous vous fassiez entre 20 000 $ et 50 000 $ par mois, eh oui, par mois. D'une manière ou d'une autre, le simple fait de signer et de devenir un distributeur à temps partiel vous fournira certains excellents avantages fiscaux et, qui sait, peut-être aimerez-vous suffisamment le produit pour l'offrir à d'autres et, ce faisant, en venir à bien gagner votre vie par-dessus le marché.

Une autre option : troquer votre « poste » contre un emploi « contractuel ». Si votre employeur est d'accord, il ou elle pourra engager votre entreprise plutôt que vous pour faire en gros ce que vous faites actuellement. On devra satisfaire à quelques exigences, mais dans la plupart des cas, en ajoutant un ou deux clients à sa clientèle, même à temps partiel, on arrivera à se faire rémunérer comme un propriétaire d'entreprise plutôt que comme un employé et à profiter des avantages fiscaux auxquels ont droit les propriétaires d'entreprises. Qui sait, ces clients à temps partiel pourraient bien devenir des clients à temps plein, qui vous donneraient alors l'occasion d'appliquer l'effet de levier à votre propre rendement, d'engager des gens pour faire tout le travail, et d'en venir à exploiter votre propre entreprise à pleine capacité.

Il se pourrait que vous vous disiez : « Mon employeur ne sera jamais d'accord. » Mais, à votre place, je n'en serais pas si sûr. Vous devez comprendre qu'il en coûte une fortune à une entreprise pour avoir un employé. Non seulement elle doit payer des salaires, mais encore elle doit verser un tas d'argent supplémentaire au gouvernement, souvent environ 25 p. cent ou plus outre de ce que gagne l'employé. Sans compter le coût des avantages sociaux que la majorité des employés reçoivent, et vous avez probablement fait faire des économies d'environ 50 p. cent à votre entreprise si elle a choisi de vous engager en tant que consultant indépendant. Bien entendu, vous n'aurez pas droit à la plupart des avantages sociaux que vous avez en tant qu'employé, mais pour ce que vous épargnez seulement en impôts, vous serez en mesure d'acheter ce qu'il y a de mieux pour travailler à votre compte.

En bout de ligne, le seul moyen de gagner ce que vous valez véritablement consiste à vous faire rémunérer en fonction de vos résultats. Encore une fois, c'est mon père qui avait raison en disant : « Tu ne deviendras jamais riche à travailler à salaire fixe pour quelqu'un d'autre. Si tu dois te trouver un travail, autant te faire rémunérer au pourcentage. Autrement, vaut mieux que tu travailles à ton compte ! »

Voilà un sage conseil !

• **DÉCLARATION :** Mettez la main sur votre cœur et dites…
  « Je choisis de me faire rémunérer en fonction de mes résultats. »

Maintenant, touchez-vous la tête et dites :
« J'ai un esprit millionnaire. »

LES ACTIONS ISSUES DE L'ESPRIT MILLIONNAIRE

1. Si vous occupez actuellement un poste et que vous êtes salarié, créez et proposez à votre employeur un plan de rémunération qui vous permettra de vous faire rémunérer, à tout le moins en partie, en fonction de vos résultats individuels ainsi que des résultats de la société.

2. Si vous êtes propriétaire de votre propre entreprise, créez un plan de rémunération qui permettra à vos employés ou même à vos fournisseurs principaux de se faire rémunérer davantage selon leurs résultats et les résultats de votre entreprise.

   Mettez immédiatement ces plans en action.

3. Si vous occupez actuellement un poste et que vous n'êtes pas rémunéré selon ce que vous valez grâce aux résultats que vous obtenez, considérez la possibilité de démarrer votre propre entreprise. Vous pouvez commencer à temps partiel. Vous pourriez facilement vous joindre à une société réseautrice ou devenir un formateur, qui enseignerait à d'autres ce que vous savez, ou offrir vos services de consultation indépendants à l'entreprise pour laquelle vous travailliez à l'origine, mais cette fois-ci en vous faisant rémunérer selon votre rendement et vos résultats plutôt qu'uniquement selon votre temps.

L'HISTOIRE DE RÉUSSITE DE SEAN NITA

Cher Harv,

Je ne saurais expliquer combien nous sommes reconnaissants d'avoir fait votre connaissance par l'intermédiaire d'une amie de ma femme. À l'époque, on venait tout juste de réduire notre paye de 10 000 $. Nous recherchions désespérément des options, car nous n'arrivions plus à joindre les deux bouts.

Lors du Millionaire Mind Intensive Seminar, nous avons découvert les outils qui allaient nous aider à acquérir notre autonomie financière. Une fois que nous avons eu mis ces outils en place, des miracles se sont mis à se produire. Nous avons réussi à acheter cinq maisons au cours de l'année suivante, chacune en faisant des bénéfices minimums de 18 000 $. La cinquième maison nous a fait faire des bénéfices de 300 000 $, soit six fois mon salaire annuel antérieur ! J'ai pu quitter le poste que j'occupais depuis quatorze ans et devenir un investisseur immobilier à temps plein, ce qui m'a procuré les temps libres dont j'avais besoin pour me retrouver avec ma famille et mes amis.

Votre méthode d'enseignement au niveau cellulaire a joué un rôle très important dans notre réussite. Il me tarde de voir ce que l'avenir nous réserve. J'aurais simplement aimé savoir ce que je sais maintenant quand j'étais dans la vingtaine.

Merci.
Bien à vous,

Sean Nita

Seattle, Washington

Dossier financier intérieur n° 12
LES RICHES PENSENT SELON « LES DEUX ».
LES PAUVRES PENSENT SELON « L'UN OU L'AUTRE ».

Les riches vivent dans un monde d'abondance. Les pauvres vivent dans un monde de limites. Bien entendu, les deux vivent dans le même monde physique, mais ils ont des perspectives différentes. Les pauvres et la plupart des gens de la classe moyenne font dans la dèche. Ils vivent selon des devises comme « Il n'y a que tant à se partager, il n'y en a jamais assez et on ne peut pas tout avoir. » Mais bien qu'on ne puisse pas « tout » avoir au sens de tout ce qu'il y a dans le monde, je crois qu'il est certainement possible d'avoir « tout ce qu'on veut vraiment ».

Souhaitez-vous jouir d'une carrière réussie ou d'une relation étroite avec votre famille ? Les deux ! Souhaitez-vous vous concentrer sur les affaires ou vous amuser ? Les deux ! Souhaitez-vous avoir de l'argent ou un sens à votre vie ? Les deux ! Souhaitez-vous faire fortune ou travailler dans ce que vous aimez ? Les deux ! Les pauvres choisissent toujours un des deux, alors que les riches choisissent les deux.

Les riches comprennent qu'avec un peu de créativité on peut presque toujours trouver le moyen d'avoir le meilleur des deux mondes. À compter d'aujourd'hui, quand vous serez confronté avec un choix « l'un ou l'autre », la question primordiale à vous poser est la suivante : « Comment puis-je avoir les deux ? » Cette question changera votre vie. Elle vous fera passer de la dèche et des restrictions à un univers de possibilités et d'abondance.

Cela ne s'applique pas uniquement aux choses que vous désirez, mais encore à toutes les dimensions de la vie. Actuellement, par exemple, je me prépare à composer avec un fournisseur insatisfait qui est d'avis que ma société, Peak Potentials, devrait lui rembourser certaines dépenses sur lesquelles nous ne nous étions pas entendus à l'origine. Pour ma part, je me dis que l'évaluation des coûts, c'est son affaire et non la mienne, et que s'il a fait des dépenses plus élevées que prévu, c'est à lui de les assumer. Je suis plus que disposé à négocier une nouvelle entente pour la prochaine fois, mais je tiens à garder les ententes qui sont déjà conclues. Je dois dire qu'à l'époque où j'étais «fauché» je me serais donné pour objectif dans cette situation de faire valoir mon point de vue et de veiller à ne pas verser à ce type un centime de plus que ce que nous avions convenu. Et même si j'aimerais le garder au nombre de mes fournisseurs, notre discussion se terminerait probablement en une énorme dispute. J'en viendrais à me dire que ce sera de deux choses l'une, soit qu'il gagne, soit que je gagne.

Aujourd'hui, par contre, je me suis décidé à penser selon «les deux», je me lance dans ce type de discussion entièrement ouvert à créer une situation dans laquelle je ne lui verserai pas plus d'argent *et* il sera extrêmement satisfait des ententes que nous conclurons. Autrement dit, j'ai pour objectif d'avoir *les deux*!

Voici un autre exemple. Il y a plusieurs mois, j'ai décidé d'acheter une résidence secondaire en Arizona. J'ai parcouru la région qui m'intéressait, et chaque agent immobilier m'a dit que, si je voulais avoir une maison avec trois chambres à coucher et un cabinet dans ce coin-là, j'allais devoir payer plus d'un million de dollars. J'avais l'intention de garder mon investissement dans cette résidence sous la barre du million. Or, la plupart des gens réduiraient leurs attentes ou augmenteraient leur budget. Mais j'ai tenu bon en restant ouvert. Dernièrement, j'ai reçu un appel m'informant que les propriétaires d'une résidence située exactement là où je souhaitais acheter et qui comptait le nombre de chambres que je voulais en avaient réduit le prix de 200 000 $, ce qui le ramenait à moins d'un million. Voilà un autre hommage que je rends à l'intention d'avoir les deux !

Finalement, j'ai toujours dit à mes parents que je ne voulais pas travailler comme un esclave dans un domaine qui ne me plaisait pas et que je «deviendrais riche à faire ce que j'aimais». Ils me répondaient la même chose qu'à l'ordinaire : «Tu vis dans un monde de rêve. La vie n'est pas un jardin de roses.» Ils me disaient: «Les affaires sont les affaires, le plaisir est le plaisir. D'abord, tu t'arranges pour gagner ta vie, ensuite, s'il te reste du temps, tu peux profiter de la vie.»

Je me rappelle m'être dit: «Hum, si je les écoute, je vais finir comme eux. Non, je vais avoir *les deux*!» Est-ce que j'ai eu des difficultés? Et comment! Pour arriver à me nourrir et à payer mon loyer, il m'est arrivé de devoir, pendant une semaine ou deux, faire un travail que je détestais. Mais je n'ai jamais perdu l'intention d'avoir «les deux». Je ne suis jamais resté longtemps à un poste ou dans un domaine qui ne me plaisait pas. J'en suis venu à faire fortune en faisant ce que j'aimais. Maintenant que je sais la chose possible à faire, je continue de ne rechercher que le travail et les projets qui me plaisent. Le meilleur de tout, c'est que j'ai maintenant le privilège d'enseigner à d'autres à en faire autant.

La pensée selon «les deux» n'est jamais plus importante qu'en matière d'argent. Les pauvres et beaucoup de gens de la classe moyenne croient qu'ils doivent choisir entre l'argent et les autres dimensions de la vie. Par conséquent, ils se sont persuadés que l'argent n'est pas aussi important que les autres choses.

Disons bien que l'argent est important! Il est ridicule d'affirmer que l'argent n'est pas aussi important que toute autre chose de la vie. Qu'est-ce qui est plus important, votre bras ou votre jambe? Se pourrait-il que *les deux* soient importants?

L'argent est un lubrifiant. Il permet de «glisser» au travers de la vie plutôt que d'avoir à se «frayer» un chemin. L'argent apporte la liberté, la liberté de s'acheter ce qu'on veut et la liberté de faire ce qu'on veut de son temps. L'argent permet de jouir de ce qu'il y a de mieux dans la vie et donne l'occasion d'en aider d'autres à obtenir le nécessaire dans la vie. Par-dessus tout, le fait d'avoir de l'argent permet de ne pas gaspiller son énergie à se soucier du manque d'argent.

Le bonheur est également important. Ici encore, voilà où les pauvres et les gens de la classe moyenne n'ont pas les idées à la bonne place. Beaucoup de gens croient que l'argent et le bonheur sont mutuellement exclusifs, qu'on peut être riche *ou* heureux. Encore une fois, il ne s'agit que d'une mauvaise programmation.

Les gens qui sont riches dans tous les sens du terme comprennent qu'ils doivent avoir *les deux*. De même qu'on doit avoir des bras et des jambes, on doit aussi avoir de l'argent *et* du bonheur.

On peut avoir le beurre et l'argent du beurre !

Voici donc une autre différence majeure entre les riches, les gens de la classe moyenne et les pauvres :

Les riches croient qu'ils peuvent avoir à la fois le beurre et l'argent du beurre.

Les gens de la classe moyenne croient pour leur part qu'ils peuvent avoir le beurre, mais pas l'argent.

Quant aux pauvres, ils croient qu'ils ne méritent ni le beurre, ni l'argent, et restent donc comme ils sont : pauvres !

PRINCIPE D'ENRICHISSEMENT :
Les riches croient qu'ils peuvent avoir à la fois le beurre et l'argent du beurre. Les gens de la classe moyenne croient pour leur part qu'ils peuvent avoir le beurre, mais pas l'argent. Quant aux pauvres, ils croient qu'ils ne méritent ni le beurre, ni l'argent, et restent donc comme ils sont : pauvres !

Dites-moi, à quoi bon avoir du beurre si on n'a rien sur quoi le mettre ? Qu'est-on censé en faire exactement ? Le conserver dans un frigo vide ? Le beurre est fait pour être savouré avec autre chose.

La pensée selon « l'un ou l'autre » fait aussi trébucher les gens qui se disent : « Si j'en ai plus, alors quelqu'un d'autre en aura moins. » Ici encore, il ne s'agit que d'une programmation ancrée dans la peur et qui va à l'encontre du but recherché. La notion selon laquelle les gens fortunés du monde possèdent et retiennent en quelque sorte tout l'argent, ce qui fait qu'il n'en reste pas pour les autres, est absurde. D'abord, cette croyance laisse entendre que la masse monétaire est limitée. Je ne suis pas économiste, mais d'après ce que je peux voir, on continue d'en imprimer davantage chaque jour. Il y a des décennies que la masse monétaire n'est plus associée à quelque actif réel que ce soit. Ainsi donc, si les gens fortunés détenaient tout l'argent aujourd'hui, demain il y en aurait des millions, sinon des milliards, de plus à sa disposition.

L'autre chose que les gens qui entretiennent cette croyance étriquée ne semblent pas réaliser, c'est que le même argent peut être utilisé à répétition, afin de créer de la valeur pour tout le monde. Permettez-moi de vous donner un exemple dont je me suis servi dans mes séminaires. Je demande à cinq personnes de monter sur l'estrade et d'apporter un article avec elles. Puis, je les fais se mettre en rond. Ensuite, je remets un billet de 5 $ à la première personne et lui demande d'acheter quelque chose à la personne n° 2 pour cette somme d'argent. Supposons qu'elle achète un stylo. Maintenant, la personne n° 1 possède un stylo et la personne n° 2 possède le billet de 5 $. La personne n° 2 se sert maintenant du même billet de 5 $ pour acheter, disons, un bloc-notes de la personne n° 3. Ensuite, la personne n° 3 se sert du billet de 5 $ pour acheter un cahier de la personne n° 4. J'espère que vous comprenez l'idée. Le même billet de 5 $ a servi à apporter de la valeur à chaque personne qui l'a eu en sa possession. Ce même billet est passé entre les mains de cinq personnes différentes, et a créé une valeur de 5 $ pour chacune d'elles et une valeur totale de 25 $ pour tout le groupe. Ce billet de 5 $ n'a pas perdu sa valeur et, en circulant, a créé de la valeur pour tout le monde.

Les leçons sont claires. Premièrement, l'argent ne perd pas sa valeur ; des milliers et des milliers de personnes peuvent utiliser le même argent à répétition pendant des années et des années. Deuxièmement, plus on a d'argent, plus on peut investir dans le cercle, ce qui signifie que d'autres personnes ont alors plus d'argent à échanger contre une plus grande valeur.

C'est tout à l'opposé de la pensée selon « l'un ou l'autre ». Au contraire, si vous avez de l'argent et que vous vous en servez, vous et la personne avec qui vous le dépensez avez tous *les deux* sa valeur. Bien franchement, si vous vous souciez tant des autres et que vous voulez vous assurer qu'ils obtiennent leur part, faites le nécessaire pour devenir riche, de manière à avoir plus d'argent à distribuer autour de vous.

Si je peux servir d'exemple en quoi que ce soit, je dirais que c'est possible d'être quelqu'un de gentil, d'aimant, de bienveillant, de généreux et de spirituel, *et* d'être drôlement riche. Je vous encourage fermement à abandonner le mythe selon lequel l'argent est répréhensible en quoi que ce soit ou que vous serez moins « bon » ou moins « pur » si vous êtes fortuné. Cette croyance n'est que « foutaise », et si vous continuez à la gober, vous vous rendrez malade *et* serez fauché. Encore un exemple du concept « des deux ».

Mes amis, être gentil, généreux et aimant n'a rien à voir avec ce qui se trouve ou ne se trouve pas dans votre portefeuille. Ces qualités viennent de ce qui se trouve dans votre cœur. Être pur et spirituel n'a rien à voir avec ce qui se trouve ou ne se trouve pas dans votre compte bancaire ; ces qualités viennent de ce qui se trouve dans votre âme. Le fait de penser que l'argent vous rend bon ou mauvais, d'une manière ou d'une autre, constitue la pensée selon « l'un ou l'autre » et n'est qu'une « piètre programmation », qui nuit à votre bonheur et à votre réussite.

Cette perspective ne favorise pas non plus les gens qui vous entourent, surtout pas les enfants. Si vous tenez tant à être une bonne personne, alors soyez assez «bon» pour ne pas infester la prochaine génération avec les croyances paralysantes que vous avez peut-être adoptées sans le vouloir.

Si vous souhaitez vraiment mener une vie sans limites, quelle que soit la situation, abandonnez la pensée selon «l'un ou l'autre» et entretenez l'intention d'avoir «les deux».

- **DÉCLARATION :** Mettez la main sur votre cœur et dites… *« Je pense toujours selon "les deux". »*

  Maintenant, touchez-vous la tête et dites : *« J'ai un esprit millionnaire. »*

LES ACTIONS ISSUES DE L'ESPRIT MILLIONNAIRE

1. Exercez-vous à penser selon «les deux» et à créer des moyens d'avoir «les deux». Quand des options se présentent à vous, demandez-vous : «Comment puis-je avoir les deux ?»

2. Prenez conscience du fait que l'argent qui circule ajoute de la valeur à tout le monde. Chaque fois que vous dépensez de l'argent, dites-vous : «Cet argent passera entre les mains de centaines de personnes et créera de la valeur pour toutes.»

3. Considérez-vous comme un exemple à imiter, en montrant que vous pouvez être gentil, généreux, aimant *et* riche !

Dossier financier intérieur nº 13
LES RICHES SE CONCENTRENT SUR LEUR VALEUR NETTE.
LES PAUVRES SE CONCENTRENT SUR LEUR REVENU GAGNÉ.

En matière d'argent, les Américains ne se gênent pas pour se demander entre eux : «Combien gagnez-vous ?» Il est rare qu'ils se demandent entre eux : «Quelle est votre valeur nette ?» Peu de gens parlent ainsi, sauf bien entendu dans un cercle sportif.

Dans les cercles sportifs, la discussion financière tourne presque toujours autour de la valeur nette : «Julien vient de vendre ses options d'achat d'actions ; il vaut plus de trois millions. La société de Paul vient de déposer son bilan, elle vaut huit millions. Sylvie vient de vendre son entreprise ; elle vaut maintenant douze millions.» Dans un cercle sportif, vous n'entendrez pas quelqu'un dire : «Hé, avez-vous entendu dire que Jean vient d'obtenir une augmentation de salaire ? Oui, et une indemnité de vie chère de deux pour cent par-dessus le marché ?» Si vous entendiez dire cela, vous sauriez qu'il s'agit d'un *invité* d'un jour.

PRINCIPE D'ENRICHISSEMENT :
La richesse se mesure réellement à la valeur nette,
et non au revenu gagné.

La richesse se mesure réellement à la valeur nette, et non au revenu gagné. Cela a toujours été le cas, et le sera toujours. La valeur nette est la valeur financière de tout ce qu'on possède. Pour déterminer votre valeur nette, calculez la valeur de tout ce que vous possédez, y compris vos liquidités et vos investissements en actions, en obligations, en valeurs immobilières, la valeur actuelle de votre entreprise si vous en avez une, la valeur de votre résidence si vous en possédez une, puis soustrayez-en tout ce que vous devez. Votre valeur nette détermine en définitive votre richesse, car, si nécessaire, ce que vous possédez peut se transformer en liquidités.

Les riches comprennent l'immense distinction qui existe entre le revenu gagné et la valeur nette. Le revenu gagné est important, mais il ne s'agit que d'un des quatre facteurs qui déterminent votre valeur nette. Les quatre facteurs de valeur nette sont :

1. Le revenu
2. Les économies
3. Les investissements
4. La simplification

Les riches comprennent que la création d'une grande valeur nette constitue une équation qui renferme les quatre éléments. Étant donné que tous ces facteurs sont essentiels, examinons-les un par un.

Le revenu se présente sous deux formes : le revenu gagné et les revenus hors exploitation. Le revenu gagné se compose de l'argent qu'on gagne par un travail actif. Ce revenu inclut un chèque de paye pour un emploi quotidien ou, dans le cas d'un entrepreneur, les bénéfices ou le revenu que procure une entreprise. Le revenu gagné exige que vous investissiez votre propre temps et vos propres efforts dans le gain d'argent. Le revenu gagné est important en ce que, sans lui, il est presque impossible d'aborder les trois autres facteurs de valeur nette.

Le revenu gagné constitue la manière dont on remplit son «entonnoir» financier, pour ainsi dire. Toutes choses égales, plus son revenu gagné est élevé, plus on peut économiser et investir. Bien que le revenu gagné soit crucial, encore une fois il n'a de valeur que dans le cadre de toute l'équation de la valeur nette.

Malheureusement, les pauvres et beaucoup de gens de la classe moyenne se concentrent exclusivement sur le revenu gagné, parmi les quatre facteurs. Par conséquent, ils aboutissent avec une valeur nette faible ou aucune valeur nette.

Les revenus hors exploitation se composent d'argent gagné sans travailler activement. Nous aborderons la question des revenus hors exploitation plus en détail un peu plus loin, mais pour l'instant, considérons-les comme une autre source de revenu pour remplir l'entonnoir, qu'on peut alors dépenser, économiser et investir.

Il est également primordial de faire des économies. On peut faire un tas d'argent, mais si l'on n'en garde pas, on n'amassera jamais de fortune. Beaucoup de gens ont un plan financier intérieur qui est réglé sur la dépense. Tout l'argent qu'ils ont, ils le dépensent. Ils préfèrent la satisfaction immédiate à l'équilibre à long terme. Les dépensiers ont trois devises. La première est : « Ce n'est que de l'argent. » Par conséquent, ils n'en ont jamais beaucoup. La deuxième est : « Plaie d'argent n'est pas mortelle. » Du moins, c'est ce qu'ils espèrent, car leur troisième devise est : « Désolé, je ne peux pas en ce moment. Je suis fauché. » Sans se créer de revenu pour remplir leur entonnoir et sans faire d'économies pour y conserver leur argent, il leur est impossible de composer avec le prochain facteur de valeur nette.

Dès qu'on commence à économiser une bonne partie de son revenu, on peut passer au stade suivant et faire croître son argent au moyen de l'investissement. En général, plus on excelle dans l'investissement, plus vite on fait croître son argent et on génère une plus grande valeur nette. Les riches consacrent le temps et l'énergie nécessaires pour apprendre à investir et à s'y connaître en matière d'investissements Ils se targuent d'être d'excellents investisseurs ou du moins d'engager d'excellents investisseurs qui investissent pour eux. Les pauvres croient que l'investissement est réservé aux riches, alors ils n'apprennent jamais à investir et restent fauchés. Rappelons que chaque élément de l'équation est important.

Il se peut bien que le quatrième facteur soit la « brebis galeuse » du groupe, car peu de gens reconnaissent l'importance du rôle qu'il joue dans la création d'une fortune. Il s'agit du facteur de la « simplification ». Ce facteur va de pair avec les économies, qui permettent de se créer un style de vie qui exige moins d'argent pour vivre. En réduisant son train de vie, on accroît ses économies et ses fonds aux fins d'investissement.

Afin d'illustrer le pouvoir de la simplification, voici l'histoire d'une des participantes au Millionaire Mind Intensive Seminar. Lorsque Sue n'avait que vingt-trois ans, elle a fait un choix avisé :

elle s'est acheté une maison. Elle l'a payée un peu moins de 300 000 $ à l'époque. Sept ans plus tard, sur un marché très prisé, Sue a revendu sa maison plus de 600 000 $, ce qui signifie qu'elle a fait un profit de plus de 300 000 $. Elle a considéré la possibilité de s'acheter une nouvelle maison, mais après avoir assisté au séminaire, elle a reconnu que, si elle investissait son argent dans une deuxième hypothèque sûre à intérêt de 10 p. cent et simplifiait son style de vie, elle réussirait à vivre à l'aise grâce à ce que lui rapporteraient ses investissements et n'aurait jamais plus à travailler de sa vie. Au lieu de s'acheter une nouvelle maison, elle a emménagé avec sa sœur. Aujourd'hui, à l'âge de trente ans, Sue est financièrement autonome. Elle a gagné son autonomie non en faisant une tonne d'argent, mais en réduisant intentionnellement son train de vie. Oui, elle travaille encore, parce que cela lui plaît, mais elle n'y est pas obligée. En fait, elle ne travaille que six mois par année. Le reste du temps, elle le passe dans les îles Fiji, d'abord parce qu'elle en raffole, et ensuite, dit-elle, parce qu'elle peut faire encore plus avec son argent là-bas. Étant donné qu'elle vit avec les gens du coin plutôt qu'avec les touristes, elle ne dépense pas beaucoup d'argent. Combien de gens connaissez-vous qui aimeraient passer six moins chaque année sur une île des tropiques, sans jamais plus avoir à travailler, à l'âge bien mûr de trente ans ? Et à quarante ? À cinquante ? À soixante ? Pour toujours ? Tout cela parce que Sue s'est créé un style de vie simple et que, par conséquent, elle n'a pas besoin d'une fortune pour vivre.

Alors, que vous faut-il pour que vous soyez heureux financièrement ? Si vous devez vivre dans une maison cossue, posséder trois résidences secondaires, posséder dix voitures, faire le tour du monde chaque année, manger du caviar et boire le meilleur des champagnes pour savourer la vie, ça va, mais vous devez reconnaître que vous avez mis la barre franchement haute et qu'il vous faudra peut-être beaucoup de temps pour en venir à connaître le bonheur.

Par contre, si vous n'avez pas besoin de tous ces «jouets» pour être heureux, vous atteindrez probablement votre objectif financier bien plus tôt.

Rappelez-vous que bâtir votre valeur nette constitue une équation en quatre parties. En guise d'analogie, imaginez-vous en train de conduire un autocar équipé de quatre roues. À quoi ressemblerait le trajet si vous ne conduisiez que sur une roue? Probablement qu'il serait lent, cahoteux, parsemé de difficultés et d'étincelles, et que vous tourneriez en rond. Cela vous rappelle-t-il quelque chose? Les riches jouent au jeu de l'argent sur les quatre roues. Voilà pourquoi ils se déplacent rapidement, sans heurts, en ligne droite et relativement facilement.

Soit dit en passant, j'utilise l'analogie d'un autocar parce qu'une fois que vous aurez réussi à bien le conduire, il se peut bien que vous souhaitiez y faire monter d'autres personnes avec vous.

Les pauvres et la plupart des gens de la classe moyenne jouent au jeu de l'argent sur une seule roue. Ils croient que le seul moyen de devenir riches consiste à faire beaucoup d'argent. Ils le croient uniquement parce qu'ils n'ont jamais été riches. Ils ne comprennent pas la Loi de Parkinson: «Les dépenses augmenteront toujours en proportion directe avec le revenu.»

Voici ce qui est normal dans notre société. On a une voiture, on fait plus d'argent et on se paie une meilleure voiture. On a une maison, on fait plus d'argent et on se paie une plus grande maison. On a des vêtements, on fait plus d'argent et on se paie de plus beaux vêtements. On a des vacances, on fait plus d'argent et on dépense plus durant les vacances. Bien entendu, il y a quelques rares exceptions à cette règle… très rares! En général, à mesure que le revenu augmente, les dépenses augmentent presque invariablement aussi. Voilà pourquoi le revenu à lui seul ne peut jamais conduire à la fortune.

Le présent livre s'intitule *Les secrets de l'esprit millionnaire*. Le mot *millionnaire* fait-il allusion au revenu ou à la valeur nette?

À la valeur nette. Par conséquent, si vous avez l'intention de devenir millionnaire ou plus, vous devez vous concentrer sur la nécessité de bâtir votre valeur nette, qui, comme nous l'avons mentionné, repose sur beaucoup plus que simplement le revenu.

Faites-vous un devoir de connaître votre valeur nette jusque dans les moindres détails. Voici un exercice susceptible de changer votre vie financière pour toujours.

Prenez une feuille de papier vierge et intitulez-la « Valeur nette ». Puis, créez un tableau simple qui commence par zéro et qui se termine par l'objectif que vous vous êtes fixé en matière de valeur nette. Notez votre valeur nette actuelle telle qu'elle est aujourd'hui. Ensuite, inscrivez votre nouvelle valeur nette tous les quatre-vingt-dix jours. C'est tout. Si vous faites cela, vous vous enrichirez sans cesse. Pourquoi ? Parce que vous ferez le « suivi » de votre valeur nette.

Souvenez-vous : ce sur quoi on se concentre prend de l'ampleur. Comme je le dis souvent durant nos formations, « là où va l'attention, l'énergie se déverse et les résultats apparaissent ».

PRINCIPE D'ENRICHISSEMENT :
« Là *où* va l'attention, l'énergie se déverse
et les résultats apparaissent. »

En faisant le suivi de votre valeur nette, vous vous concentrez sur elle, et étant donné que ce sur quoi on se concentre prend de l'ampleur, votre valeur nette prendra de l'ampleur. Soit dit en passant, cette loi s'applique à toutes les autres dimensions de la vie : ce dont on fait le suivi augmente.

À cette fin, je vous encourage donc à vous trouver et à employer un bon planificateur financier. Ces professionnels peuvent vous aider à faire le suivi de votre valeur nette et à l'augmenter. Ils vous aideront à organiser vos finances et vous feront connaître tout un éventail de moyens pour faire des économies et augmenter votre avoir.

Le meilleur moyen de trouver un bon planificateur consiste à demander à un ami ou à un associé qui est satisfait de la personne qu'il emploie de vous la recommander. Je ne vous dis pas de prendre pour argent comptant tout ce que votre planificateur vous dira. Mais je vous suggère de trouver un professionnel qualifié ayant les compétences nécessaires pour vous aider à planifier vos finances et à en faire le suivi. Le bon planificateur peut vous fournir les outils, le logiciel, les connaissances et les recommandations qui vous aideront à acquérir le type d'habitudes en matière d'investissement qui générera la richesse. Généralement, je recommande qu'on trouve un planificateur qui travaille avec toute une gamme de produits financiers plutôt qu'avec seulement des fonds d'assurances ou des fonds mutuels. Ainsi, on peut découvrir une variété d'options, et déterminer ensuite ce qui nous convient.

• **DÉCLARATION :** Mettez la main sur votre cœur et dites…
« Je me concentre sur l'augmentation de ma valeur nette ! »

Maintenant, touchez-vous la tête et dites :
« J'ai un esprit millionnaire. »

LES ACTIONS ISSUES DE L'ESPRIT MILLIONNAIRE

1. Concentrez-vous sur les quatre facteurs de valeur nette : l'augmentation de votre revenu, l'augmentation de vos économies, l'augmentation de votre rendement du capital investi et la réduction de ce qu'il vous en coûte pour vivre en simplifiant votre style de vie.

2. Créez-vous une affirmation de valeur nette. Pour ce faire, calculez la valeur monétaire de tout ce que vous possédez (vos actifs) et soustrayez-en la valeur totale de tout ce que

vous devez (votre passif). Engagez-vous à faire le suivi et la révision de cette affirmation chaque trimestre. Encore une fois, en vertu de la loi de la concentration, rappelez-vous que ce dont on fait le suivi a pour effet d'augmenter.

3. Retenez les services d'un planificateur financier qui excelle et qui travaille avec une société bien connue jouissant d'une bonne réputation. De nouveau, le meilleur moyen de trouver un excellent planificateur financier consiste à demander à des amis ou à des associés de vous en recommander un.

Prime spéciale : Visitez le site **www.millionairemindbook. com** et cliquez sur « FREE BOOK BONUSES » pour recevoir gratuitement votre « net worth tracking sheet » (feuille de suivi de ma valeur nette).

Dossier financier intérieur n° 14
LES RICHES GÈRENT BIEN LEUR ARGENT.
LES PAUVRES GÈRENT BIEN MAL LEUR ARGENT.

Dans son succès de librairie intitulé *The Millionaire Next Door*, Thomas Stanley a fait une étude auprès de millionnaires dans toute l'Amérique du Nord, et nous révèle qui ils sont et comment ils ont fait fortune. Ses résultats se résument en une seule phrase toute courte : « Les riches excellent dans la gestion de leur argent. » En effet, les riches gèrent bien leur argent, alors que les pauvres gèrent bien mal le leur.

Les gens fortunés ne sont pas plus intelligents que les pauvres ; c'est simplement qu'ils ont adopté des habitudes financières différentes et plus bénéfiques. Comme nous l'avons mentionné dans la Première partie du présent livre, ces habitudes sont principalement fondées sur notre conditionnement passé. Premièrement, si l'on ne gère pas correctement son argent, c'est probablement parce qu'on a été programmé de manière à ne pas gérer d'argent. Deuxièmement, il y a de fortes chances qu'on ne sache pas comment gérer son argent avec facilité et efficacité. J'ignore si c'est votre cas, mais à l'école que je fréquentais, on n'enseignait pas les bases de la gestion financière. On nous enseignait plutôt l'histoire de la guerre de 1812, connaissance qui me sert bien entendu tous les jours de ma vie.

Il ne s'agit peut-être pas du sujet le plus séduisant qui soit, mais il se résume à ceci : la plus grande différence qui existe entre la réussite financière et l'échec financier réside dans la manière dont on gère son argent. C'est simple : la maîtrise de l'argent est une question de gestion.

Les gens pauvres font de deux choses l'une, soit qu'ils gèrent mal leur argent, soit qu'ils évitent complètement la question de l'argent. Beaucoup de gens n'aiment pas gérer leur argent parce que, premièrement, ils trouvent que cela restreint leur liberté et, deuxièmement, ils disent ne pas avoir assez d'argent à gérer.

En ce qui concerne la première excuse, il faut savoir que le fait de gérer votre argent ne restreint en rien votre liberté – au contraire, cela a plutôt pour effet de la favoriser. La gestion de votre argent vous permet d'en venir à connaître l'autonomie financière, de manière à ce que vous n'ayez plus jamais à travailler. Voilà, pour moi, ce qu'est la véritable liberté.

Quant à ceux qui prétextent ceci : « Je n'ai pas assez d'argent à gérer », c'est qu'ils regardent par le mauvais bout de la lorgnette. Plutôt que de se dire : « Quand j'aurai beaucoup d'argent, je me mettrai à le gérer », ils devraient se dire : « Quand je me mettrai à gérer mon argent, j'en aurai beaucoup. »

Se dire : « Je vais me mettre à gérer mon argent dès que j'aurai repris le dessus », c'est comme le fait pour une personne souffrant d'embonpoint de se dire : « Je vais me mettre à l'exercice et au régime dès que j'aurai perdu quinze kilos. » C'est mettre la charrue avant les bœufs, ce qui mène nulle part… ou même à reculer !

Commencez par bien gérer l'argent que vous avez, et vous aurez alors plus d'argent à gérer.

Durant le Millionaire Mind Intensive Seminar, je raconte une histoire qui frappe la plupart des gens de plein fouet. Imaginez-vous en train de marcher le long d'une rue en compagnie d'un enfant de cinq ans. Vous passez par une boutique de crèmes glacées et vous y entrez. Vous prenez un cornet d'une boule de crème glacée pour l'enfant parce qu'ils n'ont pas de bols. En sortant de la boutique, vous remarquez que le cornet de l'enfant oscille entre ses menottes et, soudain, s'affaisse. La crème glacée tombe ensuite par terre.

L'enfant se met à pleurer. Alors, vous retournez dans la boutique, et au moment où vous vous apprêtez à commander une deuxième fois, l'enfant remarque l'affiche toute en couleur d'un cornet «à trois boules». L'enfant montre l'affiche du doigt en s'exclamant avec excitation : «Je veux celui-là !»

Voici la question à se poser : Étant la personne avenante, bienveillante et généreuse que vous êtes, commanderiez-vous le cornet à trois boules pour cet enfant ? Il se peut que, dans un premier temps, vous y répondiez : «Bien sûr.» Toutefois, en y réfléchissant un peu plus, la plupart des participants à notre séminaire répondraient : «Non.» Pourquoi donc voudriez-vous mettre l'enfant en position d'échec ? L'enfant n'arrive pas même à s'en sortir avec une seule boule, comment y arriverait-il avec trois boules ?

Il en va de même pour l'univers et vous. Nous vivons dans un univers amical et bienveillant, et la règle à suivre est celle-ci : «Tant que vous ne vous serez pas montré capable de composer avec ce que vous avez, vous n'en obtiendrez pas plus !»

PRINCIPE D'ENRICHISSEMENT :
Tant que vous ne vous serez pas montré capable de composer avec ce que vous avez, vous n'en obtiendrez pas plus !

Vous devez acquérir l'habitude et la capacité de gérer une petite quantité d'argent avant de pouvoir en obtenir une grande quantité. Rappelez-vous que nous sommes des créatures attachées à nos habitudes et que, par conséquent, l'habitude de gérer notre argent est plus importante que la quantité d'argent que nous avons à gérer.

PRINCIPE D'ENRICHISSEMENT :
L'habitude de gérer notre argent est plus importante que la quantité d'argent que nous avons à gérer.

Ainsi donc, comment gérez-vous votre argent au juste ? Durant le Millionaire Mind Intensive Seminar, nous enseignons ce que beaucoup de gens considèrent être une méthode de gestion financière étonnamment simple et efficace. Nous ne pourrions aborder ici cette méthode dans les moindres détails, mais permettez-moi de vous en donner les rudiments, afin que vous puissiez vous y mettre.

Ouvrez un compte bancaire séparé, que vous considérerez comme votre compte d'autonomie financière. Mettez le dixième de chaque dollar que vous recevez (après impôts) dans ce compte. Ces fonds ne devront servir qu'aux fins d'investissement et d'achat ou de création de sources de revenus hors exploitation.

Ce compte a pour but de vous créer une poule aux œufs d'or, qui sont des revenus hors exploitation. Et quand pouvez-vous dépenser cet argent ? *Jamais !* Vous ne le dépensez jamais, vous ne faites que l'investir. Vous en viendrez un jour, à la retraite, à dépenser ce que rapporte ces fonds (les œufs), mais jamais le capital en soi. Ainsi, il ne fait que croître et vous éviter pour toujours d'être fauché.

Une de nos élèves, du nom d'Emma, m'a raconté dernièrement son histoire. Il y a deux ans, Emma était sur le point de faire faillite. Elle ne le voulait pas, mais elle ne voyait pas d'autre possibilité. Elle nageait littéralement dans les dettes. C'est alors qu'elle a assisté au Millionaire Mind Intensive Seminar et qu'elle a découvert le système de gestion financière. Emma s'est dit : « C'est la solution ! Voilà comment je vais me sortir du bourbier ! »

Comme tous les participants, Emma s'est fait dire de diviser son argent en plusieurs comptes différents. « C'est très bien, s'est-elle dit, mais je n'ai aucun argent à diviser ! » Toutefois, comme elle voulait tenter le coup, Emma a décidé de diviser 1 $ par mois dans ses comptes. Oui, c'est vrai, seulement 1 $ par mois.

En fonction du système d'allocation que nous enseignons, avec ce dollar, elle a mis dix cents dans un CAF (compte d'autonomie financière). La première chose qu'elle s'est dite, c'est : « Pour l'amour du ciel, comment est-ce que je vais bien pouvoir devenir financièrement autonome avec dix cents par mois ? » Elle s'est donc engagée à doubler ce dollar chaque mois. Le deuxième mois, elle a donc divisé 2 $, 4 $ le troisième mois, puis 8 $, 16 $, 32 $, 64 $, et ainsi de suite jusqu'à en venir au douzième mois à se mettre à diviser 2 048 $ par mois.

Et puis, deux ans plus tard, elle s'est mise à récolter des fruits extraordinaires grâce à ses efforts. Elle a réussi à mettre 10 000 $ directement dans son compte d'autonomie financière ! Elle avait acquis l'habitude de gérer si bien son argent que, lorsqu'elle a reçu un chèque de prime de 10 000 $, elle n'a eu besoin de cet argent pour aucune autre chose !

Emma est aujourd'hui sortie des dettes et en route vers l'autonomie financière. Tout cela parce qu'elle a agi en fonction de ce qu'elle a appris, même si ce n'était au départ qu'avec 1 $ par mois.

Peu importe que vous soyez fortuné ou fauché actuellement. Ce qui compte, c'est que vous vous mettiez immédiatement à gérer ce que vous avez, et vous n'en reviendrez pas de constater avec quelle rapidité vous en obtiendrez davantage.

J'ai un autre élève du Millionaire Mind Intensive Seminar qui se disait: «Comment puis-je gérer mon argent, quand je dois en emprunter moi-même pour vivre en ce moment?» Réponse: Empruntez un dollar de plus, et gérez ce dollar. Même si vous n'empruntez ou ne trouvez que quelques dollars par mois, vous devez le gérer, car plus qu'un principe du monde «physique» est en jeu ici: il s'agit également d'un principe spirituel. Des miracles financiers se produiront une fois que vous aurez montré à l'univers que vous êtes capable de bien gérer vos finances.

En plus d'ouvrir un compte d'autonomie financière, créez-vous une tirelire d'autonomie financière chez vous et déposez-y de l'argent chaque jour. Il pourra s'agir de 10 $, de 5 $, de 1 $ ou d'un seul cent, ou encore de toute votre monnaie. Le montant importe peu; c'est l'habitude qui compte. Encore une fois, le secret, c'est de porter chaque jour votre «attention» sur votre objectif d'acquérir l'autonomie financière. L'argent attire l'argent. Laissez cette simple tirelire devenir votre «aimant à argent», qui aura pour effet d'attirer dans votre vie de plus en plus d'argent et d'occasions de devenir financièrement autonome.

Je suis certain que ce n'est pas la première fois que vous entendez le conseil d'économiser 10 p. cent de votre argent en vue d'un investissement à long terme, mais il se peut que ce soit la première fois que vous entendiez dire que vous devez avoir un compte égal et opposé visant précisément à vous permettre de «flamber» de l'argent et de vous amuser.

Un des plus grands secrets de la gestion financière réside dans l'équilibre. D'une part, on doit économiser autant d'argent que possible afin de l'investir et de faire plus d'argent. D'autre part, on doit mettre un autre 10 p. cent de son revenu dans un compte «amusement». Pourquoi? Parce que nous sommes des êtres de nature holistique. On ne peut toucher une dimension de sa vie sans toucher les autres. Il y a des gens qui économisent, économisent, économisent, et si leur moi logique et responsable s'en trouve satisfait, ce n'est pas le cas de leur «for intérieur».

Cette dimension spirituelle «en quête de plaisir» en viendra à leur dire: «J'en ai assez. Je veux avoir aussi un peu d'attention», et à miner leurs propres résultats.

Par contre, si vous dépensez, dépensez, dépensez, non seulement vous ne deviendrez jamais riche, mais encore la dimension responsable de votre être en viendra à créer une situation où les choses pour lesquelles vous dépensez votre argent ne vous procureront plus de plaisir et finiront par vous faire vous sentir coupable. La culpabilité vous poussera alors à dépenser inconsciemment de manière outrancière afin d'exprimer vos émotions. Bien que vous puissiez vous sentir temporairement mieux, vous en retournerez rapidement à la culpabilité et à la honte. Il s'agit d'un cercle vicieux, et le seul moyen de l'éviter consiste à apprendre à bien gérer votre argent.

Votre compte d'amusement sert principalement à vous faire du bien, à faire les choses que vous ne feriez pas normalement. Il est réservé aux choses très spéciales comme aller au restaurant et commander une bouteille de leur meilleur vin ou champagne. Ou louer un bateau pour la journée. Ou encore séjourner dans un hôtel chic pour une nuit extravagante que vous passerez à vous amuser et à folâtrer.

La règle du compte d'amusement consiste à en dépenser le solde chaque mois. En effet! Chaque mois, vous devez dilapider l'argent qui se trouve dans ce compte de manière qui vous fera vous sentir riche. Par exemple, imaginez que vous entrez dans un salon de massage, que vous déposez tout l'argent de votre compte sur le comptoir et que vous pointez les massothérapeutes du doigt en leur disant: «Je veux que vous me massiez *toutes les deux* en même temps. Avec les pierres chaudes et les concombres. Après quoi, servez-moi un repas!»

Comme j'ai dit, extravagant. Le seul moyen dont la plupart d'entre nous réussiront à continuer de suivre leur plan d'économie consiste pour eux à le contrebalancer par un plan d'amusement qui les récompensera pour leurs efforts. Votre compte d'amusement vise également à fortifier votre muscle «de réception». Il rend également la gestion financière drôlement plus agréable. En plus du compte d'amusement et du compte d'autonomie financière, je vous conseille de vous créer quatre comptes de plus. Les voici:

- 10 p. cent dans votre compte d'économies à long terme
- 10 p. cent dans votre compte d'instruction
- 50 p. cent dans votre compte de nécessités
- 10 p. cent dans votre compte de dons

Rappelez-vous que les pauvres pensent que tout est une question de revenu; ils croient devoir gagner une fortune pour devenir riches. Encore une fois, ce n'est que foutaise! Le fait est que, si vous gérez votre argent selon notre programme, vous pourrez acquérir l'autonomie financière avec un revenu relativement faible. Si vous gérez mal votre argent, vous ne pourrez acquérir l'autonomie financière, même avec un revenu considérable. Voilà pourquoi tant de professionnels très prospères – comme les médecins, les avocats, les athlètes, et même les comptables – sont presque fauchés, car il ne s'agit pas uniquement de l'argent qui entre, mais encore de ce qu'on fait de l'argent qui entre.

Un de nos participants, John, m'a dit que la première fois qu'il a entendu parler de notre système de gestion financière, il s'est dit: «Quel ennui mortel! Pourquoi quelqu'un perdrait-il son précieux temps à faire une chose pareille?» Plus tard au cours du séminaire, il en est venu à réaliser que, s'il voulait être financièrement autonome un jour, surtout plus tôt que plus tard, il allait devoir lui aussi gérer son argent, exactement comme le font les riches.

John a dû acquérir cette nouvelle habitude, car la gestion financière n'était absolument pas naturelle chez lui. Il a dit que cela lui rappelait l'époque où il s'entraînait en vue de participer à des triathlons. Il excellait dans la nage et le cyclisme, mais il détestait la course. La course lui faisait mal aux pieds, aux genoux et au dos. Il était raide comme la justice après chaque entraînement. Il était toujours à court de souffle et il avait les poumons qui brûlaient chaque fois, même s'il ne courait pas vite ! Il appréhendait la course. Toutefois, il savait que, s'il voulait devenir un triathlonien de premier ordre, il devait apprendre à courir et à accepter la course comme une condition à sa réussite. John évitait de courir par le passé, mais il a décidé maintenant de courir tous les jours. Après quelques mois, il s'est mis à aimer courir et en est venu à anticiper avec joie sa course quotidienne.

Voilà précisément ce qui est arrivé à John dans le domaine de la gestion financière. Au début, il en détestait chaque minute, puis il en est venu à aimer cela. Aujourd'hui, il attend avec impatience son chèque de paye et le répartit entre ses différents comptes ! Il se plaît également à regarder sa valeur nette passer de zéro à 300 000 $, et continuer de croître au quotidien.

Le principe se résume ainsi : soit que vous contrôliez votre argent, soit qu'il vous contrôle. Pour contrôler votre argent, vous devez le gérer.

PRINCIPE D'ENRICHISSEMENT :
Soit que vous contrôliez votre argent,
soit qu'il vous contrôle.

J'aime beaucoup entendre des gens qui ont participé au séminaire dire combien plus confiants ils sont devenus par rapport à l'argent, à la réussite et à eux-mêmes quand ils se sont mis à gérer correctement leur argent. Le meilleur de l'histoire, c'est que cette confiance en soi s'étend à d'autres dimensions de leur vie, et a pour effet d'améliorer leur bonheur, leurs relations, et même leur santé.

L'argent est une partie importante de la vie, et quand on acquiert la maîtrise de sa situation financière, toutes les autres dimensions de la vie s'améliorent de beaucoup.

- **DÉCLARATION :** Mettez la main sur votre cœur et dites…
« J'excelle dans la gestion financière. »

Maintenant, touchez-vous la tête et dites :
« J'ai un esprit millionnaire. »

LES ACTIONS ISSUES DE L'ESPRIT MILLIONNAIRE

1. Ouvrez-vous un compte bancaire d'autonomie financière. Mettez-y 10 p. cent de tous vos revenus (après impôts). Vous ne devrez jamais dépenser cet argent, et ne faire que l'investir afin de produire des revenus hors exploitation en vue de votre retraite.

2. Créez-vous une tirelire d'autonomie financière chez vous et déposez-y de l'argent chaque jour. Il pourra s'agir de 10 $, de 5 $, de 1 $, d'un seul cent, ou encore de toute votre monnaie. Encore une fois, cela vous permettra de prêter attention tous les jours à votre autonomie financière, et là où va l'attention, les résultats apparaissent.

L'HISTOIRE DE RÉUSSITE DE CHRISTINE KLOSER

Expéditrice : Christine Kloser
Destinataire : T. Harv Eker

Dit simplement, après avoir participé au Millionaire Mind Intensive Seminar de T. Harv Eker, ma relation avec l'argent a changé du tout au tout, et le chiffre d'affaires de mon entreprise a quadruplé en une seule année.

Plus important encore, mon mari et moi avons finalement « compris » combien il est important de mettre de côté

---

chaque mois les premiers 10 p. cent de notre revenu, peu importe ce qui se produit. Aujourd'hui, je suis heureuse de pouvoir dire que nous avons épargné davantage au cours des dernières années, après avoir assisté au programme de Harv, que nous l'avions fait au cours des quinze années antérieures !

De plus, les techniques que nous avons acquises pour régler les questions financières dans nos relations nous ont permis de ne plus avoir une seule « querelle d'argent » depuis lors.

Le système de gestion financière de Harv est facile à suivre et *fonctionne* !

À votre succès !

Ouvrez un compte bancaire d'amusement ou créez chez vous une tirelire d'amusement dans laquelle vous déposerez 10 p. cent de tous vos revenus. En plus de votre compte d'amusement et de votre compte d'autonomie financière, ouvrez-vous quatre autres comptes et déposez les pourcentages suivants dans chacun :

- 10 p. cent dans votre compte d'économies à long terme
- 10 p. cent dans votre compte d'instruction
- 50 p. cent dans votre compte de nécessités
- 10 p. cent dans votre compte de dons

Quel que soit l'argent que vous possédez, commencez à le gérer dès maintenant. N'attendez pas un jour de plus. Même si vous n'avez qu'un seul dollar. Gérez ce dollar. Prenez dix cents et mettez-les dans votre tirelire CAF, prenez-en dix autres et déposez-les dans votre tirelire d'amusement. Ce seul geste enverra un message à l'univers pour lui faire savoir que vous êtes prêt à recevoir plus d'argent. Bien entendu, si vous êtes en mesure d'en gérer plus, gérez-en plus.

Dossier financier intérieur n° 15

LES RICHES FONT TRAVAILLER DUR LEUR ARGENT POUR EUX. LES PAUVRES TRAVAILLENT DUR POUR LEUR ARGENT.

Si vous êtes comme la plupart des gens, vous avez grandi en étant programmé à «devoir travailler dur pour votre argent». Mais il y a peu de chances pour que vous ayez grandi en étant conditionné à croire qu'il était tout aussi important de faire en sorte que votre argent «travaille dur pour vous».

Il ne fait aucun doute qu'il est important de travailler dur, mais le simple fait de travailler dur ne vous rendra jamais riche. Comment le savons-nous? Regardons de plus près au monde réel. Il y a des millions – en fait, des milliards – de gens qui travaillent comme des esclaves à longueur de journée et même toute la nuit. Sont-ils tous riches? Non! Sont-ils riches pour la plupart? Non! Y en a-t-il beaucoup parmi eux qui sont riches? Non! La plupart d'entre eux sont fauchés ou presque. Par contre, qui voyez-vous se prélasser dans les cercles sportifs du monde entier? Qui passe ses après-midi à jouer au golf, au tennis ou à faire de la voile? Qui passe ses journées à faire les boutiques et ses semaines en vacances? Je vais vous donner trois possibilités, et les deux premières ne comptent pas. Les riches, voilà qui! Alors, comprenons bien une chose: l'idée selon laquelle on doit travailler dur pour faire fortune n'est que foutaise!

La vieille morale protestante en matière de travail prône «le travail d'un dollar pour une paye d'un dollar». Il n'y a rien de répréhensible dans cet adage, sauf qu'on a oublié de nous dire quoi faire avec cette «paye d'un dollar». Savoir comment employer ce dollar fait passer du travail acharné au travail *intelligent*.

Les riches peuvent se permettre de passer leurs journées à s'amuser et à se détendre parce qu'ils travaillent intelligemment. Ils comprennent l'effet de levier et s'en servent. Ils emploient des gens qu'ils font travailler pour eux et mettent leur argent à leur propre service.

Oui, l'expérience m'a appris qu'on doit travailler dur pour son argent. Dans le cas des riches, par contre, cette situation n'est que temporaire. Dans le cas des pauvres, elle est permanente. Les riches comprennent qu'«ils» doivent travailler dur jusqu'à ce que leur «argent» travaille suffisamment dur pour prendre la relève. Ils comprennent que, *plus leur argent travaillera, moins ils devront travailler.*

Rappelez-vous que l'argent, c'est de l'énergie. La plupart des gens investissent de l'énergie professionnelle et dépensent de l'énergie financière. Les gens qui acquièrent l'autonomie financière ont appris à substituer leur investissement d'énergie professionnelle par d'autres formes d'énergie. Ces formes incluent le travail d'autres personnes, des systèmes d'affaires à l'œuvre ou du capital d'investissement à l'œuvre. Encore une fois, on travaille dur pour son argent, puis on laisse son argent travailler dur pour soi.

En ce qui concerne le jeu de l'argent, la plupart des gens ignorent totalement ce qu'il faut faire pour y gagner. Quel est votre objectif? Quand gagne-t-on à ce jeu? Visez-vous trois bons repas par jour, un revenu annuel de 100 000 $, devenir millionnaire, devenir multimillionnaire? Dans le cadre du Millionaire Mind Intensive Seminar, le jeu de l'argent que nous enseignons a pour but de «ne jamais plus avoir à travailler... à moins qu'on le choisisse» et que, si l'on travaille, on travaille «par choix, et non par nécessité».

Autrement dit, l'objectif consiste à devenir «financièrement autonome» aussi rapidement que possible. Ma définition de l'autonomie financière est simple: c'est *la capacité de mener le train de vie qu'on souhaite mener sans avoir à travailler ou à compter sur qui que ce soit pour avoir de l'argent.*

Remarquez qu'il y a de bonnes chances pour que le train de vie que vous souhaitez mener vous coûte de l'argent. Par conséquent, pour être «autonome», vous devrez gagner de l'argent sans travailler. Par revenu sans travail, nous entendons les revenus hors exploitation. Or, pour gagner au jeu de l'argent, l'objectif est d'obtenir assez de revenus *hors exploitation* pour vous payer le train de vie que vous souhaitez mener. Bref, on devient financièrement autonome quand ses revenus hors exploitation excèdent ses dépenses.

J'ai identifié deux sources principales de revenus hors exploitation. La première est «l'argent qui travaille pour soi». Elle inclut les revenus d'investissement issus d'instruments financiers comme les actions, les obligations, les bons du Trésor, les marchés monétaires, les fonds mutuels, ainsi que la possession d'hypothèques ou d'autres actifs qui gagnent en valeur et peuvent être transformés en liquidités.

La deuxième source principale de revenus hors exploitation est «l'entreprise qui travaille pour soi». Cela exige que les affaires génèrent des revenus continus, de sorte qu'on n'ait plus à s'engager personnellement pour que cette entreprise fonctionne d'elle-même et rapporte un revenu. Voici quelques exemples: les immeubles locatifs, les redevances de livres, de musique ou de logiciels; l'exploitation sous licence de vos idées; devenir propriétaire d'une franchise; être propriétaire d'unités d'entreposage; être propriétaire de distributeurs automatiques ou autres types d'appareils fonctionnant par l'introduction d'une pièce de monnaie; et le marketing de réseau, pour ne nommer que ceux-là. Cela inclut également le démarrage de n'importe quelle entreprise sous le soleil ou la lune qui est systématisée de manière à fonctionner sans vous. Ici encore, il s'agit d'un type d'énergie. L'idée, c'est de faire travailler l'entreprise de manière à ce qu'elle produise à votre place de la valeur pour les gens.

Le marketing de réseau, par exemple, est un concept extraordinaire. Premièrement, il n'exige pas que vous investissiez beaucoup d'argent pour commencer. Deuxièmement, une fois que vous avez fait le travail initial, il vous permet de jouir d'un revenu résiduel continu (une autre forme de revenu qui n'exige pas que vous travailliez), année après année. Essayez d'en faire autant en travaillant de 9 h à 17 h!

Je n'insisterai jamais assez sur l'importance de créer des structures de revenus hors exploitation. C'est simple. Sans revenus hors exploitation, on ne peut jamais acquérir l'autonomie. Mais, et c'est un mais de taille, saviez-vous que la plupart des gens ont beaucoup de difficultés à se créer des revenus hors exploitation? Il y a trois raisons à cela. Premièrement, le conditionnement. La plupart d'entre nous ont été programmés en fait de manière à *ne pas* gagner de revenus hors exploitation. Lorsque vous aviez entre treize et seize ans, et que vous aviez besoin d'argent, qu'est-ce que vos parents vous disaient? Vous disaient-ils: «Eh bien, va te gagner un peu de revenus sans exploitation?» J'en doute! La plupart d'entre nous se sont fait dire: «Va travailler», «Va te trouver un emploi» ou quelque chose de ce genre. On nous a enseigné à «travailler» pour notre argent, faisant des revenus hors exploitation quelque chose d'anormal pour la plupart d'entre nous.

Deuxièmement, la plupart d'entre nous ne se sont jamais fait enseigner comment gagner des revenus hors exploitation.

À mon école, on n'offrait pas non plus de cours sur les revenus hors exploitation. Cette fois-là, j'ai appris à travailler le bois et le métal (vous remarquerez que cela m'amenait encore à «travailler») et à créer le bougeoir parfait pour ma mère. Étant donné que nous n'apprenions pas à nous créer des structures de revenus hors exploitation à l'école, nous l'avons appris ailleurs, n'est-ce pas? J'en doute. Il en résulte en bout de ligne que la plupart d'entre nous n'en *savent* pas grand-chose, et ne *font* donc pas grand-chose par rapport à cela.

Pour terminer, étant donné que nous n'avons jamais été exposés aux revenus hors exploitation et aux investissements, et que nous n'avons jamais reçu d'enseignement les concernant, nous n'y avons jamais prêté vraiment attention. Nous avons largement fondé notre choix de carrière et de secteur commercial sur la génération de revenus professionnels. Si vous aviez compris dès un jeune âge que vous deviez vous donner pour but financier principal de vous créer des revenus hors exploitation, ne remettriez-vous pas en question certains de ces choix de carrière ?

Je recommande toujours aux gens de choisir ou de changer de secteur commercial ou de carrière de manière à trouver une voie dans laquelle ils pourront tout naturellement et facilement générer des sources de revenus hors exploitation. Cela est particulièrement important aujourd'hui, parce que tant de gens travaillent dans des entreprises de services qui exigent leur présence pour faire de l'argent. Il n'y a rien de répréhensible dans le fait d'être dans une entreprise de services personnels, sinon le fait qu'à moins que vous enfourchiez vite votre cheval d'investissement et que vous réussissiez exceptionnellement bien, vous serez obligé de travailler pour toujours.

En choisissant des occasions d'affaires qui produiront immédiatement ou ultérieurement des revenus hors exploitation, vous aurez le meilleur des deux mondes : un revenu professionnel maintenant et des revenus hors exploitation plus tard. Retournez quelques paragraphes en arrière pour passer en revue quelques-unes des possibilités de revenus hors exploitation que nous avons abordées.

Malheureusement, presque tout le monde a un plan financier intérieur qui est réglé *en faveur* d'un revenu professionnel et *contre* les revenus hors exploitation. Or, cette attitude changera du tout au tout une fois que vous aurez assisté au Millionaire Mind Intensive Seminar, où par des techniques de mise en situation nous changerons votre plan financier intérieur de manière à ce que gagner de grands revenus hors exploitation devienne normal et naturel pour vous.

Les riches pensent à long terme. Ils équilibrent ce qu'ils dépensent pour se divertir aujourd'hui avec ce qu'ils investissent pour être autonomes demain. Les pauvres pensent à court terme. Ils vivent leur vie en fonction de leur satisfaction immédiate. Les pauvres se servent de l'excuse « Comment est-ce que je peux penser à demain si j'arrive à peine à survivre aujourd'hui ? » L'ennui, c'est que demain finira par devenir aujourd'hui ; si vous n'avez pas bien pris soin du problème aujourd'hui, vous redirez la même chose encore demain.

Pour accroître son avoir, on doit soit gagner plus, soit vivre en se contentant de moins. Je ne vois personne mettre un pistolet sur votre tempe et vous dire dans quelle maison vivre, le type de voiture que vous devez conduire, les vêtements que vous devez porter ou la nourriture que vous devez manger. Vous avez le pouvoir de faire des choix. C'est une question de priorité. Les pauvres choisissent *le maintenant*, les riches choisissent *l'équilibre*. Je pense en ce moment à ma belle-famille.

Pendant vingt-cinq années, les parents de ma femme ont été propriétaires d'un magasin de variétés, une version bas de gamme d'un 7-Eleven, mais en beaucoup plus petit. La majeure partie de leur revenu provenait de la vente de cigarettes, de tablettes de chocolat, de tablettes de crème glacée, de chewing gums et de boissons gazeuses. On ne vendait pas même de billets de loterie à l'époque. Ils vendaient en moyenne pour moins d'un dollar par article. Bref, ils étaient dans le domaine des «cents». Ils ont tout de même économisé la majeure partie de ces cents. Ils ne mangeaient pas dehors; ils ne se payaient pas de vêtements chics; ils ne conduisaient pas la voiture de l'année. Ils vivaient à l'aise, mais modestement, et ont fini par rembourser leur hypothèque et même par acheter la moitié du centre dans lequel leur magasin se trouvait. À l'âge de cinquante-neuf ans, à force d'économiser et d'investir des «cents», mon beau-père a été en mesure de prendre sa retraite.

Je regrette de devoir vous le dire, mais dans la majorité des cas, le fait d'acheter des choses pour se satisfaire immédiatement n'est qu'une tentative futile pour compenser notre insatisfaction dans la vie. Plus souvent qu'autrement, le fait de «dépenser» l'argent qu'on n'a pas provient du fait d'«élargir» les émotions qu'on a. Ce syndrome est connu sous le nom de thérapie de l'achat au détail. Le fait de trop dépenser et le besoin de satisfaction immédiate n'ont pas grand-chose à voir avec l'article qu'on achète, et tout à voir avec le manque de satisfaction qu'on éprouve dans la vie. Bien entendu, si le fait de trop dépenser ne provient pas de vos émotions immédiates, il est issu de votre plan financier intérieur.

Selon Natalie, une autre de nos élèves, ses parents personnifiaient l'avarice ! Ils employaient des bons pour tout. Sa mère avait une boîte remplie de bons classés par catégorie. Son père avait une voiture de quinze ans toute rouillée, et Natalie était embarrassée qu'on la voie à bord, surtout lorsque sa mère passait la prendre à l'école. Chaque fois qu'elle montait à bord de la voiture, Natalie priait pour que personne ne la voie y monter. En vacances, sa famille ne descendait jamais dans un motel ou un hôtel ; ils ne prenaient pas même l'avion, mais conduisaient onze jours dans le pays et campaient tout le long, chaque année !

Tout était « trop cher ». À la manière dont ils se comportaient, Natalie croyait ses parents fauchés. Mais son père gagnait ce qu'elle jugeait être beaucoup d'argent à l'époque : 75 000 $ par année. Elle était confuse.

Étant donné qu'elle avait cette foutue habitude en horreur, elle est devenue tout l'opposé. Elle voulait que tout soit huppé et cher. Lorsqu'elle a quitté le nid et qu'elle a commencé à gagner son propre argent, sans même s'en rendre compte, elle a flambé en un éclair tout l'argent qu'elle avait, et plus encore !

Natalie avait des cartes de crédit, des cartes de membre, et tout ce qu'on peut imaginer. Elle les a utilisées au maximum, à tel point qu'elle n'arrivait même plus à faire les paiements minimums ! C'est alors qu'elle a assisté au Millionaire Mind Intensive Seminar, et elle dit que cela lui a sauvé la vie.

Durant ce séminaire, lorsqu'on a identifié sa « personnalité financière », le monde de Natalie a complètement changé. Elle a réalisé pourquoi elle dépensait tout son argent. Il s'agissait d'un type de ressentiment envers le fait que ses parents étaient si avares. Elle agissait également ainsi pour se prouver à elle-même et au monde qu'elle n'était pas avare. Depuis qu'elle a assisté au cours, et que son plan financier intérieur a changé, Natalie dit qu'elle n'éprouve plus le besoin pressant de dépenser son argent de manières «stupides».

Natalie nous a raconté qu'elle traversait récemment un centre commercial quand elle a remarqué un splendide manteau de daim et de fourrure marron clair suspendu dans la vitrine d'une de ses boutiques préférées. Son esprit lui a immédiatement dit: «Ce manteau t'irait magnifiquement bien, surtout avec tes cheveux blonds. Tu en as besoin; tu n'as pas de manteau d'hiver vraiment beau et chic.» Alors, elle est entrée dans la boutique, et tandis qu'elle l'essayait, elle a remarqué que l'étiquette de prix indiquait 400$. Elle n'avait jamais dépensé autant pour un manteau auparavant. Son esprit lui a alors dit: «Et puis quoi, ce manteau te va à merveille! Achète-le. Tu gagneras cet argent plus tard.»

C'est alors qu'elle dit avoir découvert combien le Millionaire Mind Intensive Seminar est profond. Presque aussitôt que son esprit lui a suggéré d'acheter le manteau, son dossier nouveau et plus favorable lui est venu à l'esprit et lui a dit: «Tu ferais beaucoup mieux d'investir ces quatre cents dollars dans ton CAF! À quoi bon acheter ce manteau d'hiver? Tu en as déjà un qui fait l'affaire pour le moment.»

Avant même de s'en rendre compte, elle avait décidé de faire mettre le manteau de côté jusqu'au lendemain plutôt que de l'acheter sur-le-champ, comme d'habitude. Elle n'est jamais retournée l'acheter.

Natalie s'est rendue compte que ses dossiers «satisfaction matérielle» avaient été remplacés par des dossiers «autonomie financière». Elle n'était plus programmée en fonction de dépenser. Elle sait désormais qu'il convient pour elle de prendre le meilleur de l'exemple que ses parents lui ont donné et d'économiser de l'argent, tout en se permettant de belles choses grâce à son compte d'amusement.

Natalie a ensuite envoyé ses parents au cours, afin qu'ils deviennent mieux équilibrés à leur tour. Elle était vraiment heureuse de nous faire savoir qu'ils descendent maintenant au motel (pas encore à l'hôtel), qu'ils se sont acheté une nouvelle voiture et apprennent à faire travailler leur argent pour eux, si bien qu'ils ont pris leur retraite en tant que millionnaires.

Natalie comprend maintenant qu'elle n'a pas à être aussi «avare» que ses parents l'ont été pour devenir millionnaire. Mais elle sait également que, si elle dépense son argent de manière aussi inconsidérée qu'avant, elle ne deviendra jamais financièrement autonome. Natalie nous a dit: «C'est formidable d'avoir la maîtrise de mon argent et de mon esprit.»

Ici encore, l'idée consiste à faire travailler votre argent aussi dur pour vous que vous ne travaillez pour lui, ce qui signifie que vous devez économiser et investir plutôt que de vous donner pour mission dans la vie de le dilapider. C'est presque drôle: les riches ont beaucoup d'argent et en dépensent un peu, alors que les pauvres ont peu d'argent et en dépensent beaucoup.

Le long terme versus le court terme: les pauvres travaillent pour gagner de l'argent afin de vivre maintenant; les riches travaillent pour gagner de l'argent afin de payer leurs investissements, qui paieront leur avenir.

Les riches achètent des actifs, des choses qui gagneront probablement de la valeur. Les pauvres achètent des dépenses, des choses qui perdront certainement de la valeur. Les riches amassent les terrains. Les pauvres amassent les factures.

Je vais vous dire la même chose que je dis à mes enfants: «Achetez de l'immobilier.» Il vaut mieux que vous achetiez des propriétés qui sont susceptibles de produire une rentrée de fonds positive, mais en ce qui me concerne, n'importe quel immobilier vaut mieux qu'aucun immobilier. Bien entendu, l'immobilier a ses hauts et ses bas, mais au bout du compte, que ce soit dans cinq, dix, vingt ou trente ans, je vous assure qu'il vaudra beaucoup plus qu'aujourd'hui, et il se pourrait bien que ce soit tout ce dont vous ayez besoin pour faire fortune.

Achetez ce que vous pouvez vous permettre maintenant. Si vous avez besoin de plus de capital pour vous engager, vous pouvez toujours travailler en partenariat avec d'autres personnes en qui vous avez confiance et que vous connaissez bien. Le seul moyen d'avoir des ennuis dans l'immobilier consiste à trop en entreprendre pour ses moyens ou d'avoir à vendre lorsque le marché est défavorable. Si vous suivez mon conseil antérieur et que vous gérez bien votre argent, les risques que cela se produise seront extrêmement minces, et probablement même inexistants. Comme on dit : « N'attendez pas pour acheter de l'immobilier, achetez de l'immobilier et attendez. »

Étant donné que je vous ai déjà donné un exemple concernant ma belle-famille, il n'est que justice que je vous donne un exemple concernant mes propres parents. Mes parents n'étaient pas pauvres, mais ils se trouvaient à peine au seuil de la classe moyenne. Mon père travaillait extrêmement dur et ma mère n'était pas en bonne santé physique, ce qui fait qu'elle est restée à la maison avec les enfants. Mon père était menuisier et a remarqué que tous les entrepreneurs en construction qui l'employaient aménageaient des terrains qu'ils avaient achetés de nombreuses années auparavant. Il reconnaissait également qu'ils étaient tous plutôt riches. Mes parents aussi ont économisé leurs cents et en sont venus à en avoir assez pour s'acheter un terrain de 1,2 hectare situé à une trentaine de kilomètres de la ville où ils habitaient. Ils l'ont payé 60 000 $. Dix ans plus tard, un promoteur a décidé qu'il voulait bâtir un centre commercial linéaire sur cette propriété. Mes parents le lui ont vendu 600 000 $. Si l'on en soustrait leur investissement initial, ce terrain leur a rapporté un revenu moyen de 54 000 $ par année, alors que mon père ne gagnait par son travail que 15 000 $ à 20 000 $ maximum par année. Bien entendu, ils ont maintenant pris leur retraite et vivent plutôt à l'aise, mais je vous assure que sans l'achat et la vente de cette propriété, ils vivraient aujourd'hui avec trois fois rien. Heureusement que mon père a reconnu le pouvoir de l'investissement et surtout la valeur d'investir dans l'immobilier. Vous savez maintenant pourquoi je collectionne les terrains.

Si les pauvres voient en un dollar un dollar à échanger contre quelque chose qu'ils veulent tout de suite, les riches voient en chaque dollar une « semence » qui peut être mise en terre de sorte à produire cent autres dollars, qui pourront alors être semés à leur tour et rapporter mille autres dollars. Réfléchissez-y un peu. Chaque dollar que vous dépensez aujourd'hui pourrait bien vous coûter cent dollars demain. Personnellement, je considère chacun de mes dollars comme des « soldats » d'investissement, qui ont pour mission « l'autonomie ». Nul besoin de vous dire que j'use de prudence envers mes « combattants de l'autonomie » et que je ne m'en défais ni rapidement ni facilement.

PRINCIPE D'ENRICHISSEMENT :
Les riches voient en chaque dollar une « semence » qui peut être mise en terre de sorte à produire cent autres dollars, qui pourront alors être semés à leur tour et rapporter mille autres dollars.

Le truc, c'est de s'instruire. Découvrez le monde de l'investissement. Familiarisez-vous avec tout un éventail de moyens d'investissement et d'instruments financiers différents, comme l'immobilier, les hypothèques, les stocks, les fonds, les obligations, le change sur les devises, toute la gamme. Puis, choisissez un domaine principal dans lequel vous deviendrez un expert. Commencez à investir dans ce domaine, et diversifiez-vous par la suite.

Voici à quoi se résume le principe : les pauvres travaillent dur et dépensent tout leur argent, ce qui a pour effet de les obliger à travailler dur pour toujours. Les riches travaillent dur, économisent, puis investissent leur argent de manière à ne plus jamais avoir à travailler dur.

- **DÉCLARATION :** Mettez la main sur votre cœur et dites… *« Mon argent travaille dur pour moi et me fait avoir toujours plus d'argent. »*

  Maintenant, touchez-vous la tête et dites : *« J'ai un esprit millionnaire. »*

LES ACTIONS ISSUES DE L'ESPRIT MILLIONNAIRE

1. Instruisez-vous. Assistez à des séminaires portant sur les investissements. Lisez au moins un livre traitant d'investissement par mois. Lisez des revues comme *Money*, *Forbes*, *Barron's* et le *Wall Street Journal*. Je ne vous suggère pas de suivre leurs conseils, je vous suggère de vous familiariser avec les options financières qui s'offrent à tous. Ensuite, choisissez un domaine dans lequel vous deviendrez un expert et mettez-vous à investir dans ce domaine.

- Cessez de vous concentrer sur les revenus professionnels, pour vous concentrer sur les revenus hors exploitation. Énumérez au moins trois stratégies spécifiques qui pourraient vous permettre de faire de l'argent sans avoir à travailler, soit dans l'investissement, soit dans le domaine des affaires. Mettez-vous à faire des recherches, puis passez à l'action en fonction de ces stratégies.

- N'attendez pas pour acheter de l'immobilier. Achetez de l'immobilier et attendez.

Dossier financier intérieur n° 16
LES RICHES AGISSENT EN DÉPIT DE LA PEUR.
LES PAUVRES LAISSENT LA PEUR LES ARRÊTER.

Plus tôt, nous avons abordé le Processus de manifestation. Passons ici en revue la formule : les pensées mènent aux sentiments, les sentiments mènent aux actions, les actions mènent aux résultats.

Des millions de gens « pensent » à la possibilité de devenir riches, de même que des milliers et des milliers de gens affirment, visualisent et méditent dans ce but. Je médite presque tous les jours. Par contre, il ne m'est jamais arrivé de rester assis là à méditer ou à visualiser et qu'un sac d'argent me soit tombé sur la tête. J'imagine que je fais simplement partie de ces malchanceux qui doivent *faire* quelque chose pour connaître la réussite.

Les affirmations, les méditations et les visualisations sont toutes de merveilleux outils, mais à mon avis aucun d'entre eux ne pourra à lui seul vous apporter du vrai argent dans le vrai monde. Dans le vrai monde, on doit entreprendre de vraies « actions » pour réussir. En quoi l'action est-elle si cruciale ?

Revenons-en à notre Processus de manifestation. Prenons les pensées et les sentiments. Font-ils partie du monde intérieur ou du monde extérieur ? Du monde intérieur. Prenons maintenant les résultats. Font-ils partie du monde intérieur ou du monde extérieur ? Du monde extérieur. Cela signifie que l'action constitue « le pont » entre le monde intérieur et le monde extérieur.

PRINCIPE D'ENRICHISSEMENT :
*L'action constitue « le pont » entre le monde intérieur
et le monde extérieur.*

Ainsi donc, si l'action est si importante, qu'est-ce qui nous empêche d'entreprendre les actions que nous savons devoir entreprendre ?

La peur !

La peur, le doute et l'inquiétude font partie des plus grands obstacles, non seulement à la réussite, mais aussi au bonheur. Par conséquent, une des plus grandes différences qui existe entre les riches et les pauvres, c'est que les riches sont disposés à agir en dépit de la peur. Les pauvres, quant à eux, laissent la peur les arrêter.

Susan Jeffers a même écrit un livre formidable à ce sujet, qu'elle a intitulé *Tremblez mais osez !* La plus grande erreur que la plupart des gens font, c'est d'attendre que la peur diminue ou disparaisse avant d'être prêts à passer à l'action. En général, ces gens attendent éternellement.

Un de nos programmes parmi les plus en demande est le Enlightened Warrior Training Camp. Au cours de cette formation, nous enseignons que le vrai guerrier sait « apprivoiser le cobra de la peur ». On ne parle pas de tuer le cobra. On ne parle pas de se débarrasser du cobra, et on ne parle certainement pas de fuir le cobra. On parle d'« apprivoiser » le cobra.

PRINCIPE D'ENRICHISSEMENT :
Le vrai guerrier sait « apprivoiser le cobra de la peur ».

Il est primordial de réaliser qu'il n'est pas nécessaire d'essayer de se défaire de la peur pour réussir. Les gens riches et qui réussissent dans la vie ont des peurs, des doutes, des inquiétudes. Ils ne permettent tout simplement pas à ces sentiments de les paralyser. Les gens qui ne réussissent pas dans la vie ont des peurs, des doutes et des inquiétudes, mais laissent ces sentiments les paralyser.

PRINCIPE D'ENRICHISSEMENT :
Il n'est pas nécessaire d'essayer de se défaire
de la peur pour réussir.

Étant donné que nous sommes des créatures attachées à nos habitudes, nous devons nous exercer à agir en dépit de la peur, en dépit du doute, en dépit de l'inquiétude, en dépit de l'incertitude, en dépit de l'inconvénient, en dépit de l'insécurité, et même nous exercer à agir quand nous ne sommes pas d'humeur à passer à l'action.

Je me souviens d'un séminaire que j'ai donné un soir à Seattle et à l'issue duquel j'ai informé les gens de la tenue d'un prochain Millionaire Mind Intensive Seminar de trois jours à Vancouver. Il y a un homme qui s'est alors levé et m'a dit : « Harv, j'ai au moins une douzaine de membres de ma famille et d'amis qui ont assisté au cours, et les résultats ont été absolument phénoménaux. Chacun d'entre eux est dix fois plus heureux qu'avant, et tous sont en bonne voie de faire fortune. Ils ont tous dit que ce séminaire avait changé leur vie, et si vous teniez le cours à Seattle, j'y assisterais aussi, cela ne fait aucun doute. »

Je l'ai remercié de son témoignage, et je lui ai ensuite demandé s'il était ouvert à quelques conseils. Il était d'accord, alors je lui ai dit : « Je n'ai que quatre mots pour vous. » À cela, il m'a répondu joyeusement : « Quels sont-ils ? » Je lui ai répliqué brusquement : *« Vous êtes foutrement fauché ! »*

Puis, je lui ai demandé comment il se portait financièrement. Il m'a répondu tout piteux : « Pas très bien. » Bien entendu, je lui ai répondu : « Sans blague. » Je me suis alors mis à tempêter devant la salle : « Si vous êtes prêt à laisser trois heures de route, trois heures de vol ou trois jours de randonnée en montagne vous empêcher de faire quelque chose que vous devez et voulez faire, alors quoi d'autre vous en empêchera ? Voici la raison facile :

n'importe quoi! N'importe quoi vous en empêchera. Non à cause de la taille du défi, mais à cause de votre taille à vous!»

«C'est simple, ai-je continué, soit que vous soyez quelqu'un qui se laissera paralyser, soit que vous soyez quelqu'un qui ne se laissera pas paralyser. À vous de choisir. Si vous voulez faire fortune ou connaître toute autre forme de réussite, vous devez être un guerrier. Vous devez être prêt à faire le nécessaire. *Vous devez vous « exercer » à ne permettre à rien de vous arrêter.*

«Devenir riche n'est pas toujours opportun. Devenir riche n'est pas toujours facile. En fait, devenir riche peut parfois s'avérer drôlement difficile. Et puis quoi? Un des principes clés du guerrier éclairé est celui-ci: "Si vous n'êtes prêt à faire que ce qui est facile à faire, la vie sera difficile. Mais si vous êtes prêt à faire ce qui est difficile à faire, la vie sera facile." Les riches ne fondent pas leurs actions sur ce qui est facile et opportun; ce mode de vie est réservé aux pauvres et à la plupart des gens de la classe moyenne.»

PRINCIPE D'ENRICHISSEMENT:
Si vous n'êtes prêt à faire que ce qui est facile à faire, la vie sera difficile. Mais si vous êtes prêt à faire ce qui est difficile à faire, la vie sera facile.

La tirade a pris fin. L'auditoire était silencieux.

Plus tard, le type qui avait lancé toute la discussion est venu me voir pour me remercier avec effusion de «lui avoir ouvert les yeux». Bien entendu, il s'est inscrit au cours (même s'il allait se tenir à Vancouver), mais ce qui était vraiment drôle, c'est qu'en le quittant, je l'ai entendu au téléphone répéter avec ferveur à un de ses amis exactement les mêmes propos que je venais de lui tenir. J'imagine qu'il s'est montré convaincant, puisque le lendemain il a téléphoné pour soumettre trois autres demandes d'inscription. Ils étaient tous de la côte est des États-Unis… et allaient tous venir à Vancouver !

Maintenant que nous avons abordé la question de ce qui est opportun, que dire de ce qui fait éprouver de l'insécurité ? En quoi est-ce si important d'agir en dépit de l'insécurité ? Parce que « la sécurité » est ce que vous connaissez actuellement. Si vous souhaitez passer à un autre niveau dans la vie, vous devez sortir de votre zone de sécurité et vous exercer à faire des choses qui vous font éprouver de l'insécurité.

Supposons que vous meniez actuellement une vie de niveau 5 et que vous souhaitiez en venir à mener une vie de niveau 10. Les niveaux 5 et moins se situent dans votre zone de sécurité, mais les niveaux 6 et plus se situent hors de votre nid bien douillet, dans votre zone d'« insécurité ». Cela veut dire que, pour passer d'une vie de niveau 5 à une vie de niveau 10, vous devrez traverser votre zone d'insécurité.

Les pauvres et la plupart des gens de la classe moyenne ne sont pas disposés à vivre dans l'insécurité. Rappelez-vous que vivre dans la sécurité est leur plus grande priorité dans la vie. Mais permettez-moi de vous dire un secret que les riches et les gens qui réussissent vraiment bien dans la vie sont les seuls à connaître : la sécurité est de réputation hautement surfaite. Il se peut que vivre en sécurité vous fasse vous sentir au chaud, dans un brouillard d'inconscience et à l'abri, mais cela ne vous permet pas de grandir. Pour grandir en tant que personne, on doit élargir sa zone de sécurité. Le seul moment où on peut réellement grandir est quand on se trouve *hors* de sa zone de sécurité.

Permettez-moi de vous poser une question. La première fois que vous avez tenté quelque chose de nouveau, vous sentiez-vous en sécurité ou non ? Habituellement non. Mais que s'est-il passé par la suite ? Plus vous l'avez fait, plus vous vous êtes senti en sécurité en le faisant, n'est-ce pas ? Voilà comment cela se passe. Tout nous fait éprouver de l'insécurité dans un premier temps, mais si l'on persévère et qu'on continue, on en viendra éventuellement à traverser la zone d'insécurité pour atteindre la réussite. On aura alors une nouvelle zone de sécurité élargie, ce qui signifie qu'on sera devenu quelqu'un de plus grand.

Ici encore, le seul moment où on grandit véritablement est quand on éprouve de l'insécurité. À compter d'aujourd'hui, chaque fois que vous vous sentirez en insécurité, au lieu de vous retrancher dans votre zone de sécurité, donnez-vous une bonne tape dans le dos en vous disant : « Je dois grandir », et continuez d'aller de l'avant.

PRINCIPE D'ENRICHISSEMENT :
Le seul moment où on grandit véritablement est quand on éprouve de l'insécurité.

Si vous voulez devenir riche et réussir dans la vie, vous avez intérêt à apprendre à supporter l'insécurité. Exercez-vous consciemment à entrer dans votre zone d'insécurité et à faire ce qui vous fait peur. Voici une équation que j'aimerais que vous vous rappeliez le reste de votre vie : ZS = ZR.

Cette équation signifie que votre « zone de sécurité » égale votre « zone de richesse ».

En élargissant votre zone de sécurité, vous augmenterez la taille de votre revenu et vous élargirez votre zone de richesse. Plus vous devez vous sentir en sécurité, moins de risques vous serez disposé à prendre, moins d'occasions vous saisirez, moins de gens vous rencontrerez, et moins de nouvelles stratégies vous mettrez à l'essai. Voyez-vous où je veux en venir ? Plus votre sécurité deviendra votre priorité, plus la peur s'emparera de vous.

Le contraire est aussi vrai, si vous êtes disposé à é-l-a-r-g-i-r vos horizons, vous élargirez votre zone d'occasion, ce qui vous permettra d'attirer à vous et de retenir plus de revenu et de richesse. Rappelez-vous que, si vous avez un grand « contenant » (zone de sécurité), l'univers s'empressera d'en remplir l'espace. Les gens riches et qui réussissent dans la vie ont une grande zone de sécurité, et ils l'élargissent continuellement afin d'en venir à s'attirer et à retenir plus de richesse.

Personne n'est jamais mort d'insécurité, par contre, le fait de vivre au nom de la sécurité a tué plus d'idées, plus d'occasions, plus d'actions et plus de croissance que tout le reste combiné. La sécurité tue ! Si vous avez pour objectif dans la vie d'être en sécurité, je vous garantis deux choses. Premièrement, vous ne deviendrez jamais riche. Deuxièmement, vous ne serez jamais heureux. Le bonheur ne provient pas du fait de mener une vie tiède, à toujours se demander ce qui aurait pu être. Le bonheur résulte du fait de se trouver dans son état naturel de croissance et de vivre en exploitant son potentiel au maximum.

Essayez ceci. La prochaine fois que vous éprouverez de l'insécurité, de l'incertitude ou de la peur, au lieu de vous recroqueviller et de vous retirer dans votre zone de sécurité, forcez-vous à aller de l'avant. Remarquez et vivez les sentiments d'insécurité, en reconnaissant qu'il ne s'agit que de sentiments – et qu'ils n'ont pas le pouvoir de vous arrêter. Si vous persévérez en dépit de l'insécurité, vous parviendrez éventuellement à atteindre votre but.

Que les sentiments d'insécurité diminuent ou non importe peu. En fait, lorsqu'ils s'apaisent, voyez-y le signe qu'il est temps pour vous d'augmenter votre objectif, car dès l'instant où vous éprouverez de la sécurité, vous cesserez de grandir. Rappelez-vous que, pour grandir jusqu'à en venir à exploiter votre potentiel au maximum, vous devez toujours vivre avec un pied dans votre nid bien douillet et l'autre en dehors.

De plus, étant donné que nous sommes des créatures attachées à nos habitudes, nous devons *nous exercer*. Je vous encourage à vous exercer à agir en dépit de la peur, à vous exercer à agir en dépit de l'inconvénient, à vous exercer à agir en dépit de l'insécurité et à vous exercer à agir même quand vous n'êtes pas d'humeur à agir. Ce faisant, vous passerez rapidement à un niveau de vie plus élevé. En chemin, veillez à vérifier votre compte bancaire, car je vous assure qu'il grandira rapidement lui aussi.

À ce stade-ci de mes séminaires du soir, je demande à mon auditoire : «Combien d'entre vous sont prêts à s'exercer à agir en dépit de la peur et de l'insécurité ?» Habituellement, tout le monde lève la main (probablement parce qu'ils sont morts de peur à l'idée que je puisse «choisir» l'un d'eux). Je leur dis ensuite : «C'est facile de parler ! Voyons voir si vous le pensez vraiment.» Je sors alors une flèche de bois munie d'une pointe d'acier et je leur explique qu'en guise d'exercice pour cette discipline, ils vont briser cette flèche avec leur gorge. Je leur montre ensuite comment la pointe d'acier entre dans la partie tendre de la gorge, tandis que quelqu'un d'autre tient l'autre bout de la flèche contre sa paume ouverte. L'idée consiste à marcher tout droit vers la flèche et à la briser en n'utilisant que sa gorge avant qu'elle ne perce celle-ci.

Rendus là, la plupart des gens sont en état de choc ! Il arrive que je choisisse un bénévole pour faire l'exercice, d'autres fois je remets des flèches à tout le monde. J'ai connu des auditoires où plus de mille personnes brisaient des flèches !

Cet exploit peut-il être accompli ? Oui. Cela fait-il peur ? Et comment ! Cela procure-t-il de l'insécurité ? Absolument. Mais ici encore, l'idée consiste à ne pas laisser la peur et l'insécurité nous paralyser. L'idée consiste à s'exercer, à s'entraîner à faire le nécessaire, et à agir en dépit de tout ce qui risque de s'ériger sur sa route.

La plupart des gens brisent-ils la flèche ? Oui, tous ceux qui s'y donnent d'emblée à 100 p. cent y arrivent. Par contre, ceux qui s'y donnent à contrecœur, à moitié ou pas du tout, n'y arrivent pas.

Après l'exercice de la flèche, je demande aux gens : «Combien d'entre vous ont trouvé la flèche plus facile à briser physiquement que ce que leur esprit leur avait fait croire ?» Tous ont reconnu qu'il était en effet beaucoup plus facile d'y arriver qu'ils ne l'avaient cru. Pourquoi ? Voici une des leçons parmi les plus importantes que vous puissiez apprendre.

L'esprit est le plus grand scénario de feuilleton de toute l'Histoire. Il invente des histoires incroyables, habituellement fondées sur des drames et des désastres, au sujet de choses qui ne se sont jamais produites et qui ne se produiront probablement jamais. Mark Twain n'aurait d'ailleurs su mieux le dire : « J'ai eu des milliers de problèmes dans ma vie, dont la plupart ne se sont jamais produits en réalité. »

Une des choses parmi les plus importantes que vous puissiez comprendre, c'est que *vous n'êtes pas votre esprit*. Vous êtes bien plus grand et bien plus extraordinaire que votre seul esprit. Votre esprit fait partie de vous, au même titre que votre main fait partie de vous.

Voici une question qui pousse à la réflexion : Et si vous aviez une main exactement comme votre esprit ? Une main qui allait dans tous les sens, qui vous frappait tout le temps et qui ne se taisait jamais ? Qu'en feriez-vous ? La plupart des gens répondent quelque chose comme : « Coupez-la ! » Mais votre main est un outil puissant, alors pourquoi la couperiez-vous ? Bien entendu, la vraie réponse, c'est de vouloir la maîtriser, la gérer et la former à travailler pour vous au lieu de contre vous.

Former et gérer votre propre esprit constitue la compétence la plus importante que vous puissiez acquérir, tant en matière de bonheur que de réussite, et c'est précisément ce que vous avez fait jusqu'ici par le présent livre et que vous continuerez de faire avec vous-même si vous assistez à l'un des programmes que je donne en personne.

PRINCIPE D'ENRICHISSEMENT :
Former et gérer votre propre esprit constitue la compétence la plus importante que vous puissiez acquérir, tant en matière de bonheur que de réussite.

Comment entraîne-t-on son esprit ? On commence par l'observation. Remarquez la manière dont votre esprit produit continuellement des pensées qui nuisent à votre enrichissement et à votre bonheur. En identifiant ces pensées, vous pouvez commencer à remplacer consciemment ces pensées paralysantes par des pensées qui vous dynamiseront. Où trouve-t-on ces modes de pensée dynamisants ? Ici même, dans le présent livre. Chacune des déclarations faites dans ce livre constitue un mode de pensée dynamisant et qui mène à la réussite.

Adoptez ces modes de pensée, ces façons d'être et ces attitudes. Inutile d'attendre une invitation formelle. Décidez dès maintenant que votre vie s'en trouvera améliorée si vous choisissez d'adopter les modes de pensée décrits dans ce livre, au lieu d'adopter les habitudes mentales nuisibles du passé. Prenez la décision qu'à compter d'aujourd'hui vos pensées ne seront pas maîtresses de vous, mais que vous serez maître de vos pensées. À compter d'aujourd'hui, votre esprit ne sera plus le capitaine du navire, vous serez le capitaine du navire, et votre esprit travaillera pour vous.

Vous pouvez choisir vos pensées.

Vous avez la capacité naturelle d'annuler, à tout moment, toute pensée qui ne vous est pas bénéfique. Vous pouvez aussi installer des pensées dynamisantes en vous à tout instant, simplement en choisissant de vous concentrer sur elles. Vous avez le pouvoir de maîtriser votre esprit.

Comme je l'ai mentionné antérieurement, lors d'un de mes séminaires un de mes amis les plus intimes et auteur à succès Robert Allen a dit quelque chose de très profond : « Aucune pensée n'habite votre tête sans payer son loyer. »

Ce que cela signifie, c'est que vous paierez vos pensées négatives. Vous les paierez en argent, en énergie, en temps, en santé et en intensité de bonheur. Si vous souhaitez accéder rapidement à un nouveau niveau de vie, mettez-vous à diviser vos pensées en deux catégories : celles qui dynamisent et celles qui paralysent.

Observez les pensées que vous entretenez, et déterminez si elles favorisent votre bonheur et votre réussite ou non. Puis, choisissez de n'entretenir que les pensées qui dynamisent, tout en refusant de vous concentrer sur celles qui paralysent. Lorsqu'une pensée nuisible vous vient à l'esprit, dites «Annule» ou «Merci de t'être exprimée», et remplacez-la par une pensée plus bénéfique. J'appelle ce processus «la pensée puissante», et, comme vous le verrez vous-même, si vous vous y exercez, votre vie ne sera plus jamais la même. C'est une promesse!

Alors, qu'est-ce qui distingue «la pensée puissante» de la pensée «positive»? La différence est mince, mais profonde. Selon moi, les gens ont recours à la pensée positive pour prétendre que la vie est rose, alors qu'ils croient tout le contraire. Avec la pensée puissante, on comprend que tout est neutre, que rien n'a d'autre sens que celui qu'on lui donne, et qu'on va inventer une histoire et qu'on va donner à quelque chose sa signification.

Voilà la différence entre pensée positive et pensée puissante. Avec la pensée positive, les gens croient que leurs pensées sont vraies. La pensée puissante nous fait reconnaître que nos pensées ne sont pas vraies, mais étant donné que nous inventons une histoire de toute manière, autant inventer une histoire qui nous favorise. Nous n'agissons pas de la sorte parce que nos nouvelles pensées sont «vraies» dans un sens absolu, mais parce qu'elles nous sont ainsi plus utiles et nous font nous sentir drôlement mieux que ne le font celles qui ne nous sont pas bénéfiques.

Avant de terminer la présente partie, je dois vous faire une mise en garde: N'essayez pas de faire l'exercice de la flèche à la maison. Cet exercice exige une préparation spécifique, sans quoi vous risqueriez de vous blesser ainsi que d'autres personnes autour de vous. Dans le cadre de notre programme, nous avons recours à un équipement de protection. Si vous vous intéressez à ce type d'exercices de percée, consultez la description du Enlightened Warrior Training Camp sur notre site Web, qui vous en suggérera plus que vous ne pourriez en faire!

- **DÉCLARATION :** Mettez la main sur votre cœur et dites…
« J'agis en dépit de la peur. »
« J'agis en dépit du doute. »
« J'agis en dépit de l'inquiétude. »
« J'agis en dépit de l'inconvénient. »
« J'agis en dépit de l'insécurité. »
« J'agis même quand je ne suis pas d'humeur à agir. »

Maintenant, touchez-vous la tête et dites :
« J'ai un esprit millionnaire. »

LES ACTIONS ISSUES DE L'ESPRIT MILLIONNAIRE

1. Mettez par écrit vos trois plus grandes inquiétudes, préoccupations et peurs en matière d'argent et de richesse. Remettez-les en question. Pour chacune, notez ce que vous feriez si la situation que vous redoutez devait se produire. Pourriez-vous survivre quand même ? Pourriez-vous revenir en force ? Il y a de bonnes chances pour que la réponse soit oui. Cessez donc de vous inquiéter et commencez donc à faire fortune !

2. Exercez-vous à sortir de votre zone de sécurité. Prenez intentionnellement des décisions qui vous font éprouver de l'insécurité. Parlez avec des gens avec qui vous ne vous entretiendriez pas normalement, demandez une augmentation de salaire ou augmentez les prix de votre entreprise, levez-vous une heure plus tôt chaque jour, promenez-vous dans les bois durant la nuit. Participez à l'Enlightened Warrior Training. Vous y apprendrez à devenir impossible à arrêter !

3. Employez « la pensée puissante ». Observez-vous et vos modes de pensée. N'entretenez que des pensées qui favorisent votre bonheur et votre réussite. Remettez en question la petite voix dans votre tête quand elle vous suggère « Je ne

peux pas» ou «Je ne veux pas» ou «Je n'en ai pas envie.»
Ne permettez pas à cette voix ancrée dans la peur et la
sécurité d'avoir raison de vous. Mettez-vous d'accord avec
vous-même pour que, chaque fois que cette voix tentera de
vous empêcher de faire quelque chose qui favoriserait votre réussite, vous y passiez outre, afin de montrer à votre
esprit que c'est vous le patron, et non elle. Ainsi donc, non
seulement vous gagnerez énormément de confiance en vous,
mais encore cette voix en viendra à diminuer sans cesse à
mesure qu'elle reconnaîtra qu'elle a peu d'effet sur vous.

L'HISTOIRE DE RÉUSSITE D'ANDREW WILTON

Harv,

Je m'appelle Andrew Wilton et j'ai dix-huit ans. Je viens
tout juste de terminer ma première année d'université. J'ai
assisté au Millionaire Mind Intensive Seminar il y a deux
ans et j'utilise depuis les techniques que j'y ai apprises.

En employant l'argent que j'avais économisé grâce à vos
méthodes, j'ai pu passer dix jours sur la côte sud de l'Espa-
gne au mois de février dernier, durant ma semaine de relâche,
tandis que mes amis travaillaient ou rendaient visite à leur
famille. Quelle expérience !

Je n'aurais pas pu me permettre d'aller là où je voulais
aller et de faire ce que je voulais faire si je n'avais pas mis
en application les stratégies que j'ai apprises durant votre
séminaire.

Merci, Harv.

Dossier financier intérieur n° 17
LES RICHES APPRENNENT ET GRANDISSENT SANS CESSE.
LES PAUVRES CROIENT DÉJÀ SAVOIR.

Au début des séminaires que je donne en personne, je fais connaître aux gens ce que j'appelle « les deux mots les plus dangereux de la langue française ». Ces mots sont : « Je sais. » Comment sait-on qu'on sait quelque chose ? C'est simple. Si on le *vit*, on le sait. Autrement, on en a entendu parler, on a lu à ce sujet ou on en a parlé, mais on ne le sait pas. Pour dire les choses franchement, si on n'est pas vraiment riche et vraiment heureux, il y a des chances pour qu'on ait encore des choses à apprendre sur l'argent, la réussite et la vie.

Comme je l'ai expliqué au début du présent livre, à l'époque où j'étais «fauché», j'ai eu la chance de recevoir les conseils d'un ami multimillionnaire qui compatissait dans une certaine mesure à mon sort. Rappelez-vous ce qu'il m'a dit : « Harv, si tu ne réussis pas aussi bien que tu le voudrais, tout ce que ça veut dire, c'est qu'il y a quelque chose que tu ignores. » Heureusement, j'ai pris sa suggestion au sérieux et je suis passé du statut de «monsieur-sait-tout» à celui de «monsieur-apprend-tout». Dès cet instant, tout a changé.

Les pauvres tentent souvent de prouver qu'ils ont raison. Ils portent un masque pour donner l'impression qu'ils savent déjà tout et que ce n'est qu'à cause d'un mauvais coup du sort ou d'un pépin temporaire dans l'univers s'ils sont fauchés ou s'ils ont des difficultés.

Une de mes paroles les plus célèbres est : « On peut avoir raison *ou* on peut être riche, mais pas les deux. » Avoir « raison » signifie qu'on doit s'en tenir à ses anciens modes de pensée et à ses anciennes façons d'être. Malheureusement, ce sont ces mêmes modes et façons qui vous ont conduit exactement là où vous êtes. Cette philosophie s'applique également au bonheur, en ce sens que «on peut avoir raison *ou* on peut être heureux.»

PRINCIPE D'ENRICHISSEMENT :
On peut avoir raison *ou* on peut être riche, mais pas les deux.

Il y a un dicton dont l'auteur et conférencier Jim Rohn se sert et qui prend tout son sens ici : « Si vous continuez de faire ce que vous avez toujours fait, vous continuerez d'obtenir ce que vous avez toujours obtenu. » Vous connaissez déjà « votre » façon, ce dont vous avez besoin, c'est d'en connaître de nouvelles. Voilà pourquoi j'ai écrit le livre que vous avez entre les mains. J'ai pour but de vous procurer quelques nouveaux dossiers mentaux à ajouter à ceux que vous possédez déjà. De nouveaux dossiers sont synonymes de nouveaux modes de pensée, de nouvelles actions, et par conséquent de nouveaux résultats.

Voilà pourquoi il est impérieux que vous continuiez à apprendre et à grandir. Les physiciens sont d'accord pour dire que rien dans le monde n'est statique. Tout ce qui est vivant ne cesse de changer. Prenons n'importe quelle plante. Si une plante ne croît pas, elle est en train de mourir. Il en va de même pour les gens, comme c'est le cas de tout organisme vivant : si vous ne croissez pas, vous êtes en train de mourir.

Une des paroles que je préfère vient de l'auteur et philosophe Eric Hoffer, qui a dit : « Les apprenants hériteront de la terre, alors que les savants seront merveilleusement aptes à vivre dans un monde qui n'existe plus. » Autrement dit, si vous n'apprenez pas continuellement, vous serez laissé derrière.

Les pauvres affirment ne pas pouvoir se permettre de s'instruire par manque de temps ou d'argent. Par contre, les riches s'identifient à la citation de Benjamin Franklin : « Si vous trouvez que l'instruction coûte cher, essayez l'ignorance. » Je suis certain que vous avez déjà entendu dire que « la connaissance, c'est le pouvoir », et le pouvoir, c'est la capacité d'agir.

Chaque fois que j'offre le Millionaire Mind Intensive Seminar, je trouve intéressant de remarquer que ce sont habituellement les gens les plus fauchés qui disent : « Je n'ai pas besoin de ce cours », « Je n'ai pas le temps » ou « Je n'ai pas l'argent. » Entre-temps, les millionnaires et les multimillionnaires s'inscrivent tous et disent : « Si je peux apprendre ne serait-ce qu'une seule nouvelle chose ou apporter une seule amélioration, cela en aura valu la peine. » Soit dit en passant, si vous n'avez pas le temps de faire les choses que vous voulez faire ou que vous devez faire, vous êtes fort probablement un esclave des temps modernes. Et si vous n'avez pas l'argent nécessaire pour apprendre à réussir, c'est probablement que vous en avez besoin plus que quiconque. Je regrette, mais dire : « Je n'ai pas l'argent » ne fait pas du tout l'affaire. Quand aurez-vous l'argent ? Qu'est-ce qui aura changé dans un an, deux ans ou cinq ans ? Voici la réponse facile : rien ! Et vous redirez exactement les mêmes choses à ce moment-là.

Le seul moyen que je connaisse pour que vous ayez l'argent que vous souhaitez avoir, c'est de savoir exceller au jeu de l'argent. Vous devez acquérir les compétences et les stratégies qui vous permettront d'accélérer l'augmentation de votre revenu, de bien gérer votre argent et de l'investir avec efficacité. La folie se définit par le fait de répéter sans cesse les mêmes choses en s'attendant à des résultats différents. Écoutez, si ce que vous faites fonctionnait, vous seriez déjà riche et heureux. Toute autre chose que votre esprit évoque n'est rien de plus qu'un prétexte ou une justification.

Je déteste toujours avoir à vous remettre les yeux en face des trous, mais c'est ce que je crois devoir faire. Je crois que le bon conseiller vous en demandera toujours plus que vous ne vous en demanderez à vous-même. Sinon, pourquoi donc en auriez-vous besoin d'un ? En tant que conseiller, mon but est de vous former, de vous inspirer, de vous encourager, de vous amadouer et de vous faire discerner, dans toute sa réalité, ce qui vous retient. Bref, faire le nécessaire pour vous amener à accéder au prochain niveau de votre vie. S'il le faut, je vais vous démonter et vous remonter de manière à ce que vous fonctionniez. Je ferai le nécessaire pour vous rendre dix fois plus heureux et cent fois plus riche. Si vous voulez un optimiste, je ne suis pas votre homme. Si vous souhaitez aller de l'avant avec rapidité et de manière permanente, continuons.

La réussite est une compétence qui s'acquiert. On peut apprendre à réussir dans tout. Si l'on veut devenir un excellent golfeur, on peut apprendre à y arriver. Si l'on veut devenir un excellent pianiste, on peut apprendre à y arriver. Si l'on veut être vraiment heureux, on peu apprendre à y arriver. Si l'on veut être riche, on peut apprendre à y arriver. Peu importe où on en est rendu actuellement. Peu importe où on commence. Ce qui compte, c'est qu'on soit disposé à apprendre.

Une de mes citations parmi les plus connues est : « Tout champion a déjà été une grande déception. » En voici un exemple. Il y a un certain temps, j'avais un skieur olympique dans mon séminaire. Quand j'ai exprimé cette affirmation, il s'est levé et a demandé la permission de faire un témoignage. Il semblait vraiment déterminé, et pour une raison que j'ignore j'ai pensé qu'il allait s'opposer fermement à ce que je venais de dire. Mais, au contraire, il a raconté à tout le monde que lorsqu'il était enfant il était le pire skieur de tout son cercle d'amis. Il arrivait parfois qu'ils ne l'appellent pas pour aller skier avec eux tellement il était lent. Pour se faire accepter du groupe, il est allé à la montagne chaque week-end pour suivre des leçons. En peu de temps, il en est venu non seulement à tenir le rythme de ses copains, mais encore à les surpasser. Il s'est alors inscrit dans le club de course et a pris des leçons auprès d'un grand entraîneur. Voici ses paroles exactes : « Il se peut que je sois un champion du ski aujourd'hui, mais j'ai très certainement déjà été une grande déception. Harv a tout à fait raison. On peut apprendre à réussir à tout. J'ai appris à réussir au ski, et mon prochain objectif est d'apprendre à réussir financièrement ! »

PRINCIPE D'ENRICHISSEMENT :
« *Tout champion a déjà été une grande déception.* »
–T. Harv Eker

Personne ne vient au monde génie financier. Toute personne fortunée a appris à gagner au jeu de l'argent, et vous le pouvez aussi. Rappelez-vous que vous avez pour devise : S'ils le peuvent, je le peux aussi !

Devenir riche n'a pas tant à voir avec le fait de devenir riche financièrement qu'avec la personne qu'on doit devenir, en caractère et en esprit, pour devenir riche. Je tiens à vous révéler un secret que peu de gens connaissent : le moyen le plus rapide de devenir riche et de le rester consiste à travailler à se perfectionner *soi-même* ! L'idée consiste à se faire grandir jusqu'à devenir une personne « réussie ». Rappelez-vous que votre monde extérieur n'est que le reflet de votre monde intérieur. Vous êtes la racine ; vos résultats sont les fruits.

Il y a un dicton que j'aime : « On s'emmène avec soi partout où on va. » Si vous vous perfectionnez jusqu'à devenir une personne qui réussit dans la vie, qui gagne en force de caractère et en esprit, vous réussirez naturellement tout ce que vous ferez. Vous acquerrez le pouvoir du choix absolu. Vous acquerrez le pouvoir intérieur et la capacité de choisir tout emploi, toute entreprise ou tout domaine d'investissement en sachant que vous y connaîtrez la réussite. Voilà l'essentiel du présent livre. Si vous êtes une personne de niveau 5, vous obtenez des résultats de niveau 5. Mais si vous grandissez jusqu'à atteindre le niveau 10, vous obtiendrez alors des résultats de niveau 10.

J'ai cependant une mise en garde à vous faire. Si vous ne travaillez pas à votre être intérieur, et qu'il vous arrivait de gagner beaucoup d'argent, ce serait fort probablement par un coup du sort et vous risqueriez grandement de le perdre. Mais si vous devenez une «personne» entièrement réussie, nous seulement vous en ferez, mais encore vous le garderez, vous en ferez toujours plus et, plus important encore, vous serez vraiment heureux.

Les riches comprennent que la réussite s'obtient dans l'ordre qui suit : ÊTRE, FAIRE, AVOIR.

Les pauvres et les gens de la classe moyenne croient que la réussite s'obtient dans l'ordre qui suit : AVOIR, FAIRE, ÊTRE.

Les pauvres et la plupart des gens de la classe moyenne croient ceci : « Si j'*avais* beaucoup d'argent, je pourrais alors *faire* ce que je veux faire et je *serais* en mesure de réussir. »

Les riches comprennent une chose : « Si je *devenais* quelqu'un en mesure de réussir, je serais en mesure de *faire* ce que je dois faire pour *avoir* ce que je veux, y compris beaucoup d'argent. »

Voici quelque chose d'autre que les riches sont seuls à savoir : Faire fortune n'a pas pour but principal de se procurer beaucoup d'argent, mais bien plutôt de s'aider à devenir la meilleure personne qu'on puisse devenir. En fait, se perfectionner constitue le meilleur des objectifs. Madonna, la chanteuse et actrice de renommée internationale, s'est fait demander pourquoi elle changeait sa persona, sa musique et son style chaque année. Elle a répondu que la musique est son moyen d'exprimer «qui» elle est et que le fait de se réinventer chaque année l'oblige à grandir en tentant de devenir le type de personne qu'elle veut être.

Bref, la réussite n'est pas une question de «quoi», mais de «qui». La bonne nouvelle : ce «qui» que vous êtes est tout à fait susceptible d'être formé et enseigné. J'en sais quelque chose. Je suis loin d'être parfait, mais quand je regarde qui je suis aujourd'hui, comparé à la personne que j'étais il y a vingt ans, je peux voir un lien direct entre «moi et ma santé» (ou l'absence de santé) d'alors et «moi et ma richesse» d'aujourd'hui. J'ai appris à réussir, et vous le pouvez aussi. Voilà pourquoi je suis dans le domaine de la formation. L'expérience m'a appris que presque n'importe qui peut être formé à réussir. J'ai été formé à réussir, et je peux maintenant en former des dizaines de milliers d'autres à en faire autant. La formation, ça fonctionne !

J'ai découvert une autre différence clé entre les riches, d'une part, et les pauvres et les gens de la classe moyenne, d'autre part : les riches sont des *experts* dans leur domaine. Les gens de la classe moyenne sont médiocres dans leur domaine, et les pauvres sont faibles dans leur domaine. Dans quelle mesure réussissez-vous dans ce que vous faites ? Dans quelle mesure réussissez-vous dans votre travail ? Dans quelle mesure réussissez-vous dans votre entreprise ? Voulez-vous connaître un moyen tout à fait impartial pour le savoir ? Regardez votre chèque de paye. Il vous dira tout. C'est simple : *pour vous faire le mieux payer, vous devez être le meilleur.*

PRINCIPE D'ENRICHISSEMENT :
Pour vous faire le mieux payer,
vous devez être le meilleur.

On reconnaît chaque jour ce principe dans le monde du sport professionnel. En général, les meilleurs joueurs dans chaque sport sont ceux qui gagnent le plus. Ce sont également ceux qui font le plus d'argent par les techniques publicitaires. Il en va de même tant dans le monde des affaires que dans celui des finances. Qu'on choisisse d'être le propriétaire d'une entreprise, un professionnel, un distributeur en marketing de réseau, qu'on soit dans la vente à commission ou qu'on occupe un emploi de salarié, qu'on soit un investisseur dans l'immobilier, dans les actions ou dans n'importe quoi d'autre, toutes choses égales : plus on y excelle, plus on gagne. Ce n'est qu'une raison de plus pour laquelle il est essentiel qu'on apprenne et qu'on améliore sans cesse ses compétences dans son domaine.

Parlant d'apprentissage, il vaut la peine de remarquer que les riches non seulement ne cessent d'apprendre, mais encore ils veillent à apprendre auprès de ceux qui se trouvent déjà là où ils veulent eux-mêmes se rendre. Une des choses qui a fait le plus de différence en ce qui me concerne, c'est le choix des personnes de qui j'ai appris des leçons. J'ai toujours veillé à apprendre des leçons auprès de vraies sommités dans leurs domaines respectifs – non auprès de ceux qui se disaient experts, mais auprès de ceux qui avaient des résultats réels pour étayer leurs dires.

Les riches se font conseiller par des gens qui sont plus riches qu'eux-mêmes. Les pauvres se font conseiller par leurs amis, qui sont aussi fauchés qu'eux.

J'ai rencontré dernièrement un banquier d'affaires qui voulait faire des affaires avec moi. Il me suggérait de lui confier plusieurs centaines de milliers de dollars à placer dans un premier temps. Il m'a ensuite demandé de lui faire parvenir mes états financiers, afin qu'il puisse me faire ses recommandations.

Je l'ai regardé droit dans les yeux et je lui ai dit: «Je m'excuse, mais ne voyez-vous pas les choses à l'envers? Si vous souhaitez que je vous engage pour gérer mon argent, ne conviendrait-il pas mieux que vous me fassiez parvenir *vos* états financiers? Et à moins que vous ne soyez vraiment riche, ne vous en donnez pas la peine!» L'homme était renversé. Je pouvais voir que personne n'avait jamais mis en doute sa propre valeur nette avant de lui confier de l'argent à investir.

C'est absurde. Si vous deviez escalader le mont Everest, engageriez-vous un guide qui n'aurait jamais atteint le sommet auparavant, ou serait-il plus avisé de trouver quelqu'un qui se serait déjà rendu jusqu'au sommet à plusieurs reprises et saurait exactement comment y parvenir?

Alors, oui, je vous suggère très certainement de vous investir vraiment, votre attention et votre énergie, dans un apprentissage continuel et, en même temps, de veiller à bien choisir de qui vous apprenez vos leçons et par qui vous vous faites conseiller. Si vous apprenez des leçons de gens qui sont fauchés, ils auront beau être consultants, conseillers ou planificateurs, il n'y a qu'une seule chose qu'ils pourront vous enseigner : comment être fauché !

Soit dit en passant, je vous recommande fortement de considérer la possibilité d'engager un conseiller en réussite personnelle. Le bon conseiller vous aidera à garder le cap sur ce que vous avez dit vouloir accomplir. Certains conseillers sont des conseillers « de vie », ce qui signifie qu'ils composent avec à peu près tout, alors que d'autres conseillers ont des spécialités pouvant inclure le rendement personnel ou professionnel, les finances, les affaires, les relations, la santé, et même la spiritualité. Ici encore, découvrez les antécédents du conseiller que vous vous proposez d'engager, afin de vous assurer qu'il a fait ses preuves dans les domaines qui vous importent.

Comme il y a de bons tracés pour réussir à escalader le mont Everest, il existe des stratégies et des itinéraires éprouvés pour mener à un revenu élevé, pour accéder rapidement à l'autonomie financière et pour faire fortune. Pour cela, vous devez être disposé à les apprendre et à les utiliser.

Rappelez-vous que, dans le cadre de notre méthode de gestion financière de l'esprit millionnaire, je vous suggère fortement de mettre 10 p. cent de votre revenu dans un fonds d'instruction. Servez-vous de cet argent spécifiquement pour des cours, des livres, des cassettes, des CD ou tout autre moyen par lequel vous choisirez de vous instruire, que ce soit par le système d'éducation formel, des entreprises de formation privées ou un encadrement personnalisé particulier. Quelle que soit la méthode de votre choix, avec ce fonds vous aurez toujours l'assurance de disposer des ressources nécessaires pour apprendre et grandir, au lieu de répéter le refrain du pauvre : « Je le sais déjà. » Plus on apprend, plus on gagne… c'est certain !

- **DÉCLARATION :** Mettez la main sur votre cœur et dites…
  « Je suis déterminé à apprendre et à grandir sans cesse. »

Maintenant, touchez-vous la tête et dites :
« J'ai un esprit millionnaire. »

LES ACTIONS ISSUES DE L'ESPRIT MILLIONNAIRE

1. Engagez-vous à grandir. Chaque mois, lisez au moins un livre, écoutez un enregistrement éducatif, ou assistez à un séminaire portant sur l'argent, les affaires ou le perfectionnement personnel. Vos connaissances, votre confiance en vous et votre réussite croîtront !

2. Considérez la possibilité d'engager un conseiller personnel qui vous aidera à garder le cap.

« ET QU'EST-CE QUE JE SUIS CENSÉ FAIRE MAINTENANT ? »

E t puis maintenant ? Que faire ? Par où commencer ? Je l'ai déjà dit, et je vais le répéter encore et toujours : «C'est facile de parler. » J'espère que vous avez aimé lire le présent livre, mais plus important encore, j'espère que vous vous servirez des principes qu'il renferme pour améliorer considérablement votre vie. Selon mon expérience, toutefois, sa simple lecture ne fera pas la différence que vous recherchez. Sa lecture n'est qu'un début, mais si vous souhaitez réussir dans le monde réel, ce seront vos actions qui compteront.

Dans la Première partie du livre, je vous ai fait connaître le concept de votre plan financier intérieur. C'est simple : votre plan financier intérieur déterminera votre destinée financière. Veillez à faire chacun des exercices que je vous ai suggérés en matière de programmation verbale, d'exemple à suivre et à donner, et d'incidents spécifiques, afin de vous mettre à changer votre plan financier intérieur en un autre qui favorisera votre réussite financière. Je vous encourage également à faire jour après jour les déclarations que je vous suggère.

Dans la Deuxième partie du livre, vous avez appris dix-sept façons spécifiques dont les riches pensent différemment des pauvres et des gens de la classe moyenne. Je vous recommande de mémoriser chacun de ces «dossiers d'enrichissement», en répétant quotidiennement les déclarations qu'ils contiennent. Cela aura pour effet d'enraciner ces principes dans votre esprit. Vous en viendrez un jour à considérer la vie, et plus particulièrement l'argent, d'un œil très différent. Dès lors, vous ferez de nouveaux choix, vous prendrez de nouvelles décisions et vous vous créerez de nouveaux résultats. Afin d'accélérer ce processus, veillez à faire les exercices de mise en action qui sont donnés à la fin de chaque dossier d'enrichissement.

Il est primordial de faire ces exercices de mise en action. Pour que le changement soit permanent, cela doit se produire sur une base cellulaire, c'est-à-dire que le filage de votre cerveau doit être refait. Cela signifie que vous devez mettre les principes en pratique. Il ne suffit pas que vous les lisiez, que vous en parliez et que vous y pensiez, vous devez encore les appliquer.

Méfiez-vous de la petite voix dans votre tête, qui vous dit quelque chose comme : « Des exercices, je n'ai ni besoin ni le temps d'en faire. » Vous remarquerez qui parle, ici ? L'esprit conditionné, voilà qui ! Rappelez-vous que son travail consiste à vous garder exactement là où vous êtes, dans votre zone de sécurité. Ne l'écoutez pas. Faites les exercices de mise en action, faites vos déclarations et regardez votre vie s'épanouir à la vitesse de l'éclair !

Je suggère également que vous relisiez le présent livre du début à la fin au moins une fois par mois au cours de l'année à venir. « Quoi ? s'écrie peut-être votre petite voix intérieure. J'ai déjà lu ce livre, pourquoi le relirais-je à maintes reprises ? » Bonne question, et la réponse est simple : la répétition est mère de l'apprentissage. Encore une fois, plus vous étudierez ce livre, plus vite vous en viendrez à appliquer les concepts enseignés de manière naturelle et automatique.

Veillez à visiter le site Web **www.millionairemindbook. com** et à cliquer sur « FREE BOOK BONUSES » pour recevoir plusieurs cadeaux de valeur, incluant les suivants (sujet à changement sans pré-avis) :

• Une liste de déclarations imprimable qu'on peut encadrer

- La « pensée de la semaine » de l'esprit millionnaire (en anglais seulement)

C'est tout pour le moment. Merci d'avoir consacré votre temps précieux à la lecture du présent livre. Je vous souhaite de connaître une réussite extraordinaire et de trouver le vrai bonheur, et c'est avec impatience que j'attends de vous rencontrer bientôt en personne.

Dans l'espoir de vous voir accéder à la liberté,

T. Harv Eker

PARTAGER LA RICHESSE

La vraie richesse se reconnaît à la mesure dans laquelle on est capable de donner.
—T. Harv Eker

❧

L e présent livre vous enseigne à examiner votre mode de pensée, ainsi qu'à mettre en question vos pensées, vos habitudes et vos actions limitatives et nuisibles en matière d'argent. Si nous commençons par parler argent, c'est que l'argent constitue une des dimensions de la vie dans lesquelles les gens éprouvent le plus de difficultés. Mais il faut considérer les choses dans une perspective plus vaste. Vous voyez, une fois que vous vous mettez à reconnaître vos conceptions nuisibles en matière financière, cette prise de conscience s'étendra à toutes les autres sphères de votre vie.

Ce livre a pour but de vous aider à vous sensibiliser à certaines réalités. Ici encore, la sensibilisation consiste à examiner vos pensées et vos actions afin de vous permettre d'agir en fonction de choix véritables faits dans le temps présent, plutôt que d'agir en fonction d'une programmation passée. Elle concerne le pouvoir de composer avec les événements grâce à votre surmoi plutôt que d'y réagir par votre simple moi mené par la peur. Ainsi, vous pourrez devenir tout ce qu'il vous est possible d'être et accomplir votre destinée.

Mais vous savez quoi ? L'essence de cette transformation ne concerne pas uniquement votre personne. Elle concerne le monde entier. Notre monde n'est rien de plus que le reflet des gens qui le composent. Tandis que croît le degré de conscience de chaque individu, celui du monde croît également, pour passer de la peur au courage, de la haine à l'amour et de la pénurie à la prospérité pour tous.

Il revient donc à chacun de nous de nous éclairer nous-mêmes afin d'en venir à procurer davantage de lumière au monde. Si vous souhaitez que le monde soit d'une certaine manière, commencez par le devenir vous-même. Si vous souhaitez que le monde soit un meilleur endroit où vivre, commencez par *vous* rendre meilleur vous-même.

Voilà pourquoi je crois qu'il est de votre devoir de travailler à votre croissance personnelle jusqu'à en venir à exploiter votre potentiel au maximum, et à créer l'abondance et la réussite dans votre vie ; ce faisant, vous serez en mesure de venir en aide aux autres et d'apporter au monde une contribution positive.

Je vous demande donc de communiquer ce message de prise de conscience et de dynamisation à d'autres. Faites connaître le message de ce livre à autant de gens que possible. Engagez-vous à en informer au moins cent personnes parmi vos amis, vos proches et vos compagnons de travail ou considérez la possibilité de le leur offrir à titre de cadeau pouvant transformer leur vie. Non seulement ils découvriront ainsi des concepts financiers puissants, mais encore ils apprendront à examiner leur conception des choses, à améliorer leur niveau de conscience, et du même coup à améliorer celui de la planète.

Merci.

TABLE DES MATIÈRES